Um foco psicopedagógico na ação pedagógica: relato de uma experiência

SÉRIE PSICOPEDAGOGIA

Um foco psicopedagógico na ação pedagógica: relato de uma experiência

Denise Fernandes Goulart
Maria Letizia Marchese

2ª edição

inter
saberes

Rua Clara Vendramin, 58 . Mossunguê . CEP 81200-170 . Curitiba . PR . Brasil
Fone: [41] 2106-4170 . www.intersaberes.com . editora@intersaberes.com

Dr. Alexandre Coutinho Pagliarini Dr.ª Elena Godoy Dr. Neri dos Santos M.ª Maria Lúcia Prado Sabatella	Conselho editorial
Lindsay Azambuja	Editora-chefe
Ariadne Nunes Wenger	Gerente editorial
Daniela Viroli Pereira Pinto	Assistente editorial
Monique Francis Fagundes Gonçalves	Edição de texto
Denis Kaio Tanaami Charles L. da Silva	Capa
Bankrx e Limolida Design Studio/ Shutterstock	Fotografia de capa
Bruno Palma e Silva	Projeto gráfico

Dados Internacionais de Catalogação na Publicação (CIP)
(Câmara Brasileira do Livro, SP, Brasil)

Goulart, Denise Fernandes
  Um foco psicopedagógico na ação pedagógica : relato de uma experiência / Denise Fernandes Goulart, Maria Letizia Marchese. -- 2. ed. -- Curitiba, PR : InterSaberes, 2023. -- (Série Psicopedagogia)

  Bibliografia.
  ISBN 978-85-227-0746-1

  1. Psicopedagogia 2. Psicopedagogia educacional I. Marchese, Maria Letizia. II. Título. III. Série.

23-164095   CDD – 370.15

Índices para catálogo sistemático:
  1. Psicopedagogia: Educação 370.15

Cibele Maria Dias – Bibliotecária – CRB-8/9427

1ª edição, 2014.
2ª edição, 2023.

Foi feito o depósito legal.

Informamos que é de inteira responsabilidade das autoras a emissão de conceitos.

Nenhuma parte desta publicação poderá ser reproduzida por qualquer meio ou forma sem a prévia autorização da Editora Intersaberes.

A violação dos direitos autorais é crime estabelecido na Lei n. 9.610/1998 e punido pelo art. 184 do Código Penal.

Sumário

Apresentação, 7

Introdução, 9

1 A instituição e a instituição escolar, 14
   1.1 A instituição escolar, 17
   1.2 O fracasso escolar, 23
   1.3 O papel da escola, 25

2 Prática pedagógica e foco psicopedagógico, 32
   2.1 O assessoramento psicopedagógico além das dificuldades pedagógicas, 40
   2.2 Psicopedagogia preventiva: a terceira vertente do trabalho psicopedagógico, 43

3 A teoria de Vygotsky, o pensamento sistêmico e a proposta de Reuven Feuerstein, 46

   3.1 A visão sócio-histórico-cultural de Vygotsky, 48

   3.2 A abordagem relacional sistêmica, 54

   3.3 A proposta de Reuven Feuerstein, 62

4 Avaliação psicopedagógicainstitucional, 68

   4.1 A intervenção psicopedagógica institucional, 73

   4.2 Quando o projeto está voltado para os alunos com dificuldades de aprendizagem, 75

   4.3 Quando o projeto está voltado para a instituição escolar, 78

   4.4 Programa de Enriquecimento Instrumental (PEI), 83

   4.5 Alguns passos para a elaboração de um projeto pedagógico institucional sob o enfoque psicopedagógico, 86

   4.6 As questões éticas na conduta profissional, 88

Considerações finais, 92

Referências, 96

Sobre as autoras, 102

Apresentação

"Lê, me ajuda?" – esse foi o pedido que escutei de Denise. Confesso que fiquei espantada: ela, que foi minha professora, me orientou no caminho da psicopedagogia e supervisionou meus casos durante tanto tempo, agora pedia para que eu fizesse a revisão do seu livro.

Ler o relato de uma experiência corresponde a vivenciá-la sob a luz de uma nova perspectiva. Acompanhar a elaboração das ideias e a construção dos capítulos foi emocionante, ainda mais por conhecer a história que tantas vezes escutei em rodas de estudo e discussões psicopedagógicas.

A responsabilidade sobre o que e como se escreve pode, às vezes, intimidar o autor e o revisor a respeito dos seus posicionamentos filosóficos, políticos, ideológicos e educacionais, na medida em que os coloca à frente de leitores desconhecidos. Muitas dúvidas nos assolam quando lemos ou relemos o que é colocado no papel. Entretanto, as experiências vivenciadas obtiveram resultados mais positivos do que negativos, o que nos encorajou a retratá-los em um livro. Alunos, professores e colaboradores das instituições mencionadas se beneficiaram sobremaneira em virtude das intervenções realizadas.

Quando da elaboração desta obra, amadurecemos e firmamos o nosso posicionamento em nossa jornada profissional e, felizmente, continuamos tendo ainda muitas dúvidas e inseguranças, o que nos impulsiona a realizar novas experiências e buscar outras aprendizagens.

Denise, minha amiga, obrigada pela oportunidade. Espero ter contribuído para que suas ideias tenham ficado claras para os leitores. Além disso, no conceito tão clichê de "plantar uma árvore, ter um filho e escrever um livro"... Parabéns, você fechou um ciclo. Sucesso!

Maria Letizia Marchese

Introdução

O convite para ser coordenadora das turmas de 5ª a 8ª série do 1º grau e dos três anos do 2º grau* em um conceituado e tradicional colégio particular de Curitiba (PR), inicialmente me assustou. Porém, os desafios sempre me estimularam e a proposta era financeiramente compensatória para quem há cinco anos vinha trabalhando como psicopedagoga clínica de forma autônoma.

---

*   Nomenclatura utilizada na década de 1980. Atualmente, esse período denomina-se 6º a 9º ano do ensino fundamental e 1º a 3º ano do ensino médio.

Pensei: "dá um frio na barriga, mas também pode ser uma grande oportunidade de colocar em prática meus conhecimentos psicopedagógicos em uma instituição de ensino". Seria isso possível? Na época, havia pouquíssima literatura a respeito, o que equivalia a poucas referências de experiências, bem como a poucos profissionais trabalhando nas escolas com um enfoque psicopedagógico*.

A entrevista com a diretora foi tranquila. Conheci as dependências do colégio, observei a infraestrutura e fui apresentada a alguns professores.

Resistência: essa foi a minha primeira impressão. A coordenadora que estava saindo era muito querida por todos. Eu a conheci e ela era mesmo muito simpática, agradável, meiga e competente. Além disso, estava no colégio há anos! Perguntei-me se eu conseguiria realizar o trabalho com a mesma competência e ser aceita pelos professores. Esse e muitos outros questionamentos atrapalharam meu sono naquela noite. No entanto, acordei resoluta: eu iria conseguir!

Como assumiria somente dali a um mês, passei a ler e a estudar tudo sobre coordenação e supervisão escolar. Afastada das funções de professora, do ambiente escolar e do seu cotidiano desde que me lancei na psicopedagogia, meus conhecimentos estavam um pouco defasados. Li o que pude sobre supervisão pedagógica e assumi a nova função, como se diz, "com a cara e a coragem".

---

* Tratava-se de um trabalho pedagógico, mas, em virtude de minha formação, eu não deixava de ver o mundo sob a ótica da psicopedagogia, o que efetivamente remete a ações diferenciadas.

Esses estudos e leituras me fizeram refletir, em primeiro lugar, sobre o que é uma instituição e o que é uma instituição escolar, para, na sequência, tentar compreender seus ranços e desafios. Nesta obra, descreverei minha experiência ao atuar como pedagoga sob a ótica psicopedagógica, e gostaria de ter você, leitor, junto comigo nessa jornada. Vamos compartilhar essa leitura?

Um

A instituição e a instituição escolar

Capítulo 1

O que é uma **instituição**?

Segundo o Dicionário Aurélio (Ferreira, 1988, p. 289), instituição é uma "associação ou organização de caráter social, religioso, filantrópico [...]". Assim, uma instituição, seja qual for sua função, tem missão, estrutura organizacional, objetivos e filosofias voltados para o desenvolvimento de uma melhor gestão desse estabelecimento.

As primeiras instituições que se organizaram de forma sistemática e estruturada nas sociedades modernas foram aquelas relacionadas à produção de bens: indústrias extrativas de petróleo, aço e borracha, indústria automobilística etc.

A necessidade de manter o controle sobre a produção desses bens transformou as instituições – em especial, as industriais – em verdadeiros monopólios, inclusive da ciência – o poder econômico passou a exercer influência direta sobre a produção, havendo, assim, também o controle do conhecimento.

Outras organizações mais antigas, como as militares e a Igreja Católica, também foram consultadas, com o objetivo de dar um "corpo" organizacional às instituições, para que, assim, estas se conservassem e tivessem continuidade.

Essas organizações antigas já administravam suas instituições há muitos anos por meio de práticas embasadas em objetivos e normas particulares que passaram a servir de modelo às empresas e às indústrias em suas próprias estruturas administrativas. Segundo Chiavenato (2004, p. 2),

> a administração nada mais é do que a condução racional das atividades de uma organização, seja ela lucrativa ou não lucrativa. A administração trata do planejamento da organização (estruturação), da direção e do controle de todas as atividades diferenciadas pela divisão de trabalho que ocorram dentro de uma organização.

Assim, ao longo dos anos, foram se modificando as concepções referentes ao modo como uma instituição deve se organizar. Com isso, os modelos utilizados até então foram substituídos por outros, conforme aconteciam as revoluções sociais. Esses novos modelos propunham formas diferenciadas de tratamento aos trabalhadores, a fim de que eles produzissem melhor e em maior quantidade. Com isso, assim como os filósofos, os psicólogos e suas teorias passaram a influenciar os administradores.

Na busca por eficácia e eficiência nos resultados, essas corporações necessitavam de organização, planejamento, direção e controle sobre as ações exercidas pelos sujeitos que delas participavam. A grande preocupação era a de racionalizar o trabalho; para tanto, normas e diretrizes foram prescritas e princípios, estabelecidos. Surgiu, assim, o que passou a ser denominado *administração científica*.

De certo modo, ocorreu uma humanização no tratamento dos trabalhadores nas instituições. Essas mudanças, no entanto, não aconteceram de forma gratuita. Elas tiveram – e ainda têm – relação direta com as lutas dos trabalhadores por melhores salários e condições de trabalho.

Não discorreremos aqui de forma mais aprofundada sobre esse assunto, mas é de fundamental importância termos em mente que a instituição escolar foi – e ainda é – influenciada por modelos organizacionais advindos das instituições empresariais ou consubstanciados nestas.

A necessidade de criação de um organismo ou uma instituição para a produção de conhecimento, bem como de pessoas capacitadas para exercerem funções técnicas, foi a condição básica para a criação da **escola** como local específico de produção do saber, sob o controle da classe dominante de uma época – a elite política e econômica.

1.1
A instituição escolar

Um pouco de história é sempre válido para nos situarmos. Tomamos como base a obra de Saviani (2010) para contextualizar alguns fatos históricos relacionados à educação no Brasil.

A primeira escola brasileira foi fundada em 1549, por ocasião da vinda dos jesuítas para o nosso país. Posteriormente, escolas foram construídas em diversos pontos do território brasileiro, todas sustentadas pelo tripé **colonização, educação** e **catequese** (Saviani, 2010).

O monopólio educacional dos jesuítas terminou em 1759, em razão da expulsão dessa ordem religiosa do país, o que ocasionou, consequentemente, o fechamento de suas escolas. Ocorreu então a implantação das **aulas régias** e, com as contínuas reformas educacionais implantadas pelo Marquês de Pombal, a educação passou a ser de responsabilidade do Estado, sendo, portanto, considerada laica.

Assim, até a passagem do século XIX para o XX, não era possível falar em escola propriamente dita, pois as iniciativas educacionais aconteciam em espaços privados, especialmente nas próprias casas dos professores.

Saviani (2010, p. 19-20) nos mostra as datas importantes para a educação brasileira:

1º Período (1549-1759): Monopólio da vertente religiosa da pedagogia tradicional, subdividido nas seguintes fases:

1. Uma pedagogia brasílica ou o período heroico (1549-1599);

2. A institucionalização da pedagogia jesuítica ou o Ratio Studiorum (1599-1759).

2º Período (1759-1932): Coexistência entre as vertentes religiosa e leiga da pedagogia tradicional, subdividido nas seguintes fases:

1. A pedagogia pombalina ou as ideias pedagógicas do despotismo esclarecido (1759-1827);

2. Desenvolvimento da pedagogia leiga – ecletismo, liberalismo e positivismo (1827-1932);

3° Período (1932-1969): Predominância da pedagogia nova, subdividido nas seguintes fases:
1. Equilíbrio entre a pedagogia tradicional e a pedagogia nova (1932-1947);
2. Predomínio da influência da pedagogia nova (1947-1961);
3. Crise da pedagogia nova e articulação da pedagogia tecnicista (1961-1969).

4° Período (1969-2001): Configuração da concepção pedagógica produtivista, subdividido nas seguintes fases:
1. Predomínio da pedagogia tecnicista, manifestações da concepção analítica de filosofia da educação e concomitantemente desenvolvimento da visão crítico-reprodutivista (1969-1980);
2. Ensaios contra-hegemônicos: pedagogias da "educação popular", pedagogias da prática, pedagogia crítico-social dos conteúdos e pedagogia histórico-crítica (1980-1991);
3. O neoprodutivismo e suas variantes: neoescolanovismo, neoconstrutivismo e neotecnicismo (1991-2001).

A instituição escolar pública estatal surgiu no fim do século XIX, momento em que o desenvolvimento econômico das sociedades exigiu a criação de um organismo que se responsabilizasse pela educação e transmissão dos conhecimentos historicamente acumulados de forma sistemática pela humanidade e abrangesse um número significativo de pessoas que pudessem, por meio dessa formação, atuar nos postos de trabalho, cada vez mais complexos, com maior qualificação. A escola, então, foi eleita como a instituição responsável por essa formação e, para tanto, passou por mudanças profundas, ampliando suas funções e buscando, a fim de manter sua unidade e continuidade, responder às necessidades e às exigências da sociedade.

A escola, uma vez instituída para atender aos interesses da classe dominante da época – a burguesia – surgiu como um instrumento de ascensão social. No entanto, o que parecia ser a consolidação da igualdade, em que todas as pessoas receberiam os mesmos conhecimentos e teriam as mesmas oportunidades – essa era a proposta –, transformou-se em duas realidades: foram criadas as escolas particulares, destinadas aos que podiam pagar para receber uma educação de melhor qualidade, e as públicas, destinadas à classe trabalhadora – em uma dualidade perversa e desumana em que os menos favorecidos financeiramente passam a receber, das corporações que sustentam o capital, o mínimo indispensável para a sobrevivência. Essa dualidade também era observada na diferenciação entre os trabalhos intelectual e manual.

De acordo com Silva (1992, p. 62):

> O conhecimento escolar não é o resultado de uma seleção neutra. Ele é a sedimentação de uma tradição seletiva [...] em que outras possibilidades acabaram descartadas. Ao mesmo tempo, o conhecimento escolar não é um produto homogêneo, em que um mesmo conteúdo é transmitido de um mesmo modo a todas as classes e grupos sociais.

> O conhecimento escolar na sua forma codificada [...] está também estratificado e é através dessa estratificação que ele volta a produzir aquelas desigualdades com que os diferentes grupos sociais chegam ao processo escolar. A estratificação do conhecimento escolar é ao mesmo tempo resultado e causa da estratificação social. É um dos elementos principais através do qual a educação reproduz a estrutura social.

É interessante perceber que, a partir dessa concepção de escola, alguns indivíduos passam a receber uma educação de melhor qualidade e, com isso, podem preparar-se adequadamente para exercer cargos de poder, enquanto outros são preparados apenas o suficiente para a manutenção do sistema produtivo. Além disso, não podemos deixar de observar que esse modelo criou, ao longo do tempo, o que estamos vivenciando na atualidade, como a violência adentrando os muros escolares.

Quando falamos em violência, não estamos nos referindo somente às drogas, à agressão aos professores, ao vandalismo contra os prédios escolares, ao sucateamento dos laboratórios e à precariedade das bibliotecas, e sim – e principalmente – ao **fracasso escolar**.

Embora esse fracasso sempre tenha existido de forma controlada, atualmente ele vem obrigando os órgãos governamentais e os usuários do sistema educacional (professores, pais e comunidade) a pensar com urgência sobre um modelo organizacional escolar que vise à superação dessa problemática. Assim, parece que todos estão pedindo socorro...

As dificuldades de aprendizagem dos alunos, a evasão escolar, os métodos de ensino superados na era da tecnologia, da informação e do conhecimento, a formação pedagógica e a remuneração precárias dos professores e o descompromisso dos pais e da comunidade são fatores que nos obrigam a pensar a respeito da eficácia e da eficiência do nosso sistema escolar quanto à gestão da educação, assim como de suas implicações no processo ensino-aprendizagem.

Com isso, você deve estar se perguntando: "De que forma a psicopedagogia institucional está relacionada a isso? O que esse campo de estudo tem a ver com a política, as ideologias, a violência, a gestão escolar e o pagamento de professores? A psicopedagogia não trabalha apenas com as dificuldades de aprendizagem dos alunos?".

Respondemos: epistemologicamente, a psicopedagogia surgiu para atender crianças que não acompanhavam sua classe regular de ensino. Hoje, no entanto, as funções dessa área do conhecimento se expandiram. Por essa razão, ela tem tudo a ver com todos esses assuntos.

No entanto, é importante frisar que a psicopedagogia não atua somente nas escolas. Na atualidade, seu trabalho se estende também a hospitais, empresas e instituições que necessitam de profissionais especializados nas questões do ensino e da aprendizagem. No âmbito organizacional, profissionais dessa área do conhecimento lidam com pessoas que apresentam dificuldades de adaptação às novas exigências de determinado trabalho ou dificuldades relacionadas a outras situações de aprendizagem; em hospitais, psicopedagogos atuam quando questões de saúde afastam as pessoas por um período mais prolongado da instituição escolar.

> Em relação às funções do profissional da psicopedagogia, Serra (2012, p. 6-7) afirma que:
>
> *A Psicopedagogia vem evoluindo e crescendo bastante ao longo dos anos. Hoje, temos a Psicopedagogia Clínica, de caráter predominantemente curativo. Seu espaço de trabalho é o consultório, e o atendimento individualizado é a forma mais comum. A Psicopedagogia Institucional possui caráter predominantemente preventivo, e normalmente a atuação ocorre com pequenos grupos de alunos, trabalhadores, pessoas em geral. A área institucional se divide em três formas de atuação: a escolar, a empresarial e a hospitalar.*

> [...]
>
> No que diz respeito à Psicopedagogia Clínica, um profissional desta área é procurado geralmente quando o problema de aprendizagem já existe e é necessária uma intervenção curativa. No entanto, na medida em que essa intervenção ocorre e soluciona os problemas que ora se apresentam, tal procedimento evita que estes se avolumem ou se tornem mais complexos, deixando os alunos ou profissionais mais refratários às intervenções. Na mesma proporção, quando a Psicopedagogia Institucional atua, ela pretende, primeiramente, prevenir situações de dificuldade de aprendizagem e/ou de adaptação ao ambiente escolar ou profissional, mas, uma vez que o problema de aprendizagem já exista e suas raízes estejam situadas não no sujeito, mas no ambiente escolar ou profissional, na prática pedagógica dos professores, nas práticas administrativas ou, ainda, nos vínculos afetivos, a intervenção curativa grupal deve ocorrer no ambiente institucional.

A psicopedagogia também está relacionada às pesquisas educacionais, aos problemas sociológicos que envolvem a escola e às questões econômicas do país como um todo, por estudar as implicações desses temas na aprendizagem dos alunos.

1.2
O fracasso escolar

Durante muito tempo, a responsabilidade pelo fracasso escolar recaiu sobre as costas de crianças e adolescentes. Depois, culparam-se as famílias, a desnutrição, os problemas neurológicos, emocionais e comportamentais, a pobreza e os aspectos cognitivos e culturais. Tais problemas podem ser verdadeiramente as causas de certas dificuldades de aprendizagem – não temos dúvidas disso –, mas, até pouco tempo atrás, ninguém apontava a instituição escolar como a causadora desse fracasso. Estudos recentes (Patto, 2010; Esteban, 2009) têm voltado o olhar da sociedade para essa instituição, pois é nela que crianças e adolescentes passam boa parte de suas vidas, e é nela que os problemas acontecem ou se refletem (altos índices de reprovação e de evasão escolar, indisciplina etc.). Além disso, é nessa instituição que ocorrem as "queixas", tanto de alunos que não aprendem quanto de professores que não ensinam.

Com isso, vemos, estupefatos, o que vem acontecendo dentro dos muros da escola. Assim como a própria instituição, nós pensávamos que nada poderia atingi-la. Ela era uma redoma, onde o conhecimento era transmitido e as crianças permaneciam lá fora, mesmo vivendo um mundo diferente, isso pouco importava. A escola vivia como em um sonho, "protegida" dos problemas que assolavam a sociedade. Parecia que ela não fazia parte do sistema sócio-político-econômico-ideológico que a sustentava.

Assim, atualmente, a escola vem sendo "acordada" desse sonho por todos os lados: pelo fracasso dos alunos que não aprendem, pela violência dos que não podem nela adentrar, e dos que estão lá dentro e não aceitam mais o modelo imposto, pelos pais preocupados, pela comunidade que recebe profissionais mal preparados – sendo que este é o ponto mais crítico apontado por todas as partes envolvidas. Se a função da escola é preparar as pessoas para exercerem profissões na sociedade e manterem o *status quo* de um sistema, é evidente que o que incomoda essa sociedade não é o problema de aprendizado das crianças em particular, mas, sim, como resolver essa situação, que terá consequências negativas no desempenho dos trabalhadores, os quais mantêm a produção e o capital.

Além disso, é importante observarmos que todos esses problemas vêm acontecendo tanto em escolas particulares como em escolas públicas. É uma crise que se processa no interior das escolas, mas que tem reflexos diretos na economia. Por isso existe essa grande preocupação com o problema do fracasso escolar.

1.3
O papel da escola

O Estado, especialmente nos tempos de crise, toma para si algumas responsabilidades e atua com o objetivo de remediar e minimizar os efeitos negativos produzidos. Quando se impinge o rótulo de "desajustados" a crianças e são concedidos fundos (verbas) a professores especializados para a realização de diagnósticos e prognósticos, o Estado assume o papel de financiador de projetos terapêuticos. No entanto, é necessário observar que, quando isso ocorre, as instituições governamentais deixam de enfocar o papel principal da escola acerca da formação das pessoas e do que o capital exige como conhecimento, e, com isso, reforçam a visão de que a culpa recai sobre a criança e sua cultura, e não nos conflitos e nas injustiças culturais e econômicas da sociedade (Apple, 1989).

Assim, as desigualdades vão se construindo dentro do próprio ambiente escolar, sem que os agentes responsáveis pela educação (professores e profissionais da educação) se deem conta da verdadeira causa de certos problemas. A "culpa" do fracasso escolar é então colocada ora nos alunos – considerados lentos, desorganizados e ignorantes – ora nos professores – vistos como incompetentes e incapazes – ora nos pais, que não ligam para os estudos dos filhos, compondo assim uma longa fila de "culpados".

As diferenças culturais, étnicas e sociais e os recursos financeiros destinados às escolas, às vezes mal empregados ou desviados, não são, na maioria das vezes, analisados e colocados em foco no momento de uma avaliação, cujo resultado pode determinar os rumos da vida de um ser humano, que viu ou foi levado a ver sua permanência na escola como um fator de melhora de vida.

De acordo com Luckesi (2007), devem ser considerados o **orçamento**, a **gestão administrativa** e a **gestão pedagógica**, visto que esses são fatores determinantes dos resultados, que podem ser adequados ou não.

Assim, as exigências não se esgotam nos fatores *capital*, *trabalho*, *mercadoria* e *lucro*. Na contemporaneidade, a escola se vê pressionada a dar respostas também a respeito das áreas afetivo-emocional e comportamental, das relações sociais dos alunos, da sua felicidade como seres integrantes da sociedade, das suas responsabilidades com a natureza, do planeta e com eles mesmos, da sua formação ética, da valorização de hábitos e atitudes saudáveis e, principalmente, da transmissão de conhecimentos necessários à continuidade do ser humano no planeta, e não somente à manutenção de um sistema econômico.

O cotidiano escolar como ele é

Minha vida como profissional da psicopedagogia se funde – ou, melhor dizendo, se confunde – com o início da psicopedagogia em Curitiba. Após retomar meus estudos referentes a instituições (em especial, a escolar) e antes de tomar qualquer atitude como supervisora pedagógica em um colégio da rede particular de ensino da cidade, iniciei minhas observações sobre o dia a dia da instituição. Interessei-me por saber sobre a clientela, as relações entre professores e alunos, professores e professores, professores e pais, direção e professores, direção e pessoal técnico-administrativo e direção e pais, e, por fim, sobre a filosofia que embasava o trabalho pedagógico e a missão do estabelecimento como instituição de ensino (as relações, os valores e as atitudes, ou seja, o que se denomina *currículo oculto*). Evidentemente, eu também estava sendo observada.

Aprendendo com a secretária, que havia trabalhado com a antiga supervisora e sabia tudo a respeito das questões burocráticas, elaborei minhas conclusões sobre o funcionamento daquele sistema escolar. Ao mesmo tempo, estudava o projeto político-pedagógico da escola e atendia aos professores em suas necessidades. Eu já havia conquistado a confiança da maioria deles, mas outros ainda estavam muito resistentes, a ponto de me tratarem com total indiferença, reclamarem muito e serem, inclusive, grosseiros, o que às vezes me desanimava bastante. Como essas pessoas eram a minoria e eu tinha o apoio da direção, resolvi continuar e colocar meus projetos em funcionamento.

A elaboração desses projetos foi embasada na análise do cotidiano do colégio em questão; cada instituição é única, mesmo que sua composição esteja atrelada às instâncias superiores referentes a normas, valores, leis e obrigações burocráticas impostas pelo sistema educacional. Cada escola tem particularidades, vida própria e personagens que se articulam de formas diferentes. Uma vez que professores, pais e alunos procedem de maneira particular, cada escola deve ser observada em sua realidade, respeitando assim o caráter heterogêneo do cotidiano escolar. Além disso, escolas têm histórias e práticas pedagógicas exclusivas, apresentam relações interpessoais diferentes e têm objetivos próprios, sonhos e experiências acumuladas, que formam seus corpos docente, discente e administrativo.

Eu jamais poderia observar e traçar planos e projetos baseada em vivências anteriores, como se todas as escolas fossem iguais. Aquela escola era única! Eu precisava, com minha experiência psicopedagógica, procurar soluções para certos problemas que afetavam a vida dos alunos e professores e a dinâmica escolar.

Analisar o cotidiano de uma instituição escolar significa analisar a própria vida da escola. Não é apropriado implementar projetos em um ambiente escolar sem antes conhecer três elementos importantíssimos: o currículo, a pedagogia e o sistema de avaliação da escola.

Silva (2005) trata desses três sistemas de mensagem enfocados no conhecimento educacional; para o teórico, o primeiro diz respeito ao conhecimento, o segundo relaciona-se à transmissão válida do conhecimento e o terceiro é considerado o que conta como realização válida do conhecimento por parte do aluno.

Se buscarmos historicamente, encontraremos várias noções de **currículo**, desde as teorias tradicionais, as tecnicistas e as de racionalização do trabalho escolar até as mais contemporâneas, que realizam uma análise crítica e sociológica do currículo.

Giroux, citado por Nerling (2006), relata que "o currículo envolve a construção de significados e valores culturais; o currículo é o local onde se produzem e se criam significados sociais, que estão ligados a relações sociais de poder e desigualdade. [...] o currículo deve ser analisado a partir da noção de política cultural."

> Para Silva (2005, p. 150), "o currículo é lugar, espaço, território. O currículo é relação de poder. O currículo é trajetória, viagem, percurso. O currículo é autobiografia, nossa vida, *curriculum vitae*: no currículo se forja nossa identidade. O currículo é texto, discurso, documento. O currículo é documento de identidade".

O currículo, portanto, engloba não somente os conteúdos que devem ser transmitidos ou o modo como os conhecimentos devem ser organizados, mas também a forma como eles devem ser desenvolvidos na escola.

A **pedagogia**, por sua vez, significa "teoria e ciência da educação e do ensino" (Ferreira, 1988, p. 380). Assim, quando nos referimos à didática, aos métodos de ensino, ao planejamento, aos objetivos, à avaliação, ao material didático, aos recursos audiovisuais, ao currículo, ao corpo docente, ao corpo discente e às implicações sócio-político-econômicas e culturais no ambiente escolar, estamos falando de pedagogia.

Em relação à **avaliação**, as escolas brasileiras, em sua grande maioria, realizam verificações de aprendizagem, e não avaliações de aprendizagem. A diferença entre verificação e avaliação de aprendizagem está no rumo dado aos resultados. A verificação é uma ação para conhecer o *status* da aprendizagem, enquanto a avaliação é a ação para conhecer a aprendizagem e possibilitar tomadas de decisões com o objetivo de mudar o quadro percebido.

É preciso saber que as instituições escolares, no Brasil, ainda são vistas como pilares da sociedade, e que, por isso, devem ser respeitadas. Sobre a escola, Luckesi (2007, p. 30-31), afirma que:

hoje, *estamos vendo que, sem ela, não existe Educação; estamos vendo que ela precisa ser melhor, mesmo com fatores externos adversos, tendo em vista criar condições de contrapor-se a eles, para que os cidadãos, os profissionais, os homens éticos, se formem e se expressem, com essas qualidades, na vida, na relação consigo mesmo e com os outros. Estamos, devagar, compreendendo que ela faz a diferença.*

Assim, enquanto a escola estiver preocupada apenas em classificar os alunos em bons e maus e não em tomar para si a responsabilidade de compreender o processo de aprendizagem de cada estudante – em especial os que têm dificuldades –, o quadro de fracasso escolar permanecerá o mesmo: reprovação, exclusão e evasão.

foco

Prática pedagógica e foco psicopedagógico

Capítulo 2

Como foi dito no capítulo anterior, eu estava bastante empolgada para colocar meus projetos em ação. Uma análise do que ocorria no colégio me mostrava disfunções nos seguintes aspectos:

- Os alunos dos períodos regular e integral eram, em sua maioria, atendidos pelos mesmos professores, o que alterava a vida funcional de ambos, obrigando-os a um "entra e sai" e "sobe e desce" que, a meu ver, criavam um clima desfavorável à aprendizagem. Por exemplo: os alunos do período integral tinham aulas de disciplinas tradicionais em horários que não combinavam com as aulas especiais (de esportes, de balé etc.);

assim, no meio da manhã ou da tarde, eles eram obrigados a sair das salas de aula, realizar essas atividades e voltar para terminar seus deveres ou participar de outras aulas, cansados e suados – se a aula especial fosse de esportes –, ou estimulados – se a atividade fosse de artes, música ou outra disciplina que mexesse com a criatividade ou o prazer, o que dificultava a retomada da concentração.

- Não havia nenhuma integração entre os níveis de ensino.
- Aos alunos do período integral, alguns bastante problemáticos, não eram oferecidas atividades extraescolares frequentes; talvez viesse daí o fator *indisciplina*.
- O sistema de avaliação, tradicional, não permitia uma visão global do ensino e da aprendizagem. Não havia nenhum mecanismo que mostrasse a todos como esse processo estava se desenvolvendo; a secretaria geral era um "feudo" administrado com mão de ferro por uma secretária eficiente, mas intransigente com relação a suas prerrogativas – ou seja, ninguém "colocava a mão" nesse setor.
- Alguns professores eram bastante resistentes quanto a expor os trabalhos dos seus alunos e não participavam sequer da feira de ciências.
- Algumas famílias me procuravam para resolver os problemas dos filhos, mas não tinham nenhuma vontade de seguir minhas orientações, pois estavam cansados de tentar.
- O grêmio estudantil, desativado muitos anos antes, era motivo de reivindicação por parte dos alunos do 2º grau.

Meus projetos englobavam essa gama de afazeres inadiáveis para promover o melhor funcionamento daquela instituição. No entanto, eu me perguntava: Em quais aspectos eu poderia transportar os conhecimentos e a experiência psicopedagógica clínica para dentro da escola? Isso seria possível?

Observar, analisar e diagnosticar os problemas daquela instituição escolar não foi tarefa fácil. Assim, selecionei, entre os aspectos analisados, os que considerei mais viáveis – não os mais fáceis – para uma ação pedagógica imediata, deixando para um segundo momento intervenções que exigissem mudanças mais profundas no currículo e no sistema de avaliação ou uma visão mais atualizada de escola.

As mudanças no interior de uma instituição raramente são bem-vindas; o receio de perdas de qualquer natureza impõe-se diante dos ganhos que podem ser obtidos. Quando as formas de atuação nas instituições se cristalizam, assim também o fazem em relação à criatividade, às iniciativas e à espontaneidade. Eliminam-se os riscos, escamoteiam-se os conflitos, e tudo parece estar na "melhor das situações". Se essa situação é péssima em qualquer instituição, o que dizer de uma instituição escolar?

A inserção daquela escola em um mundo que se configurava mutável a cada momento – com as novas tecnologias da informação e da comunicação invadindo todos os espaços sociais – poderia ocorrer pouco a pouco, por meios mais sutis, como diálogos, reflexões, palestras, cursos e outras ações que não interferissem de imediato na vida de professores, pais, alunos e funcionários administrativos.

O primeiro ano na referida escola consistiu no conhecimento daquele ambiente escolar, na provação de minha competência profissional e na conquista de alunos, professores, funcionários e pais. Assim, não mudei nada da rotina escolar.

Já no segundo ano da minha gestão reorganizei os horários dos professores, o que tornou a vida de todos muito mais funcional.

Em conjunto com a supervisora responsável pela pré-escola* e pelo 1º grau, realizamos a Semana de Artes, que contou com a participação de todos os alunos e professores. Nosso objetivo era, por meio de atividades prazerosas, aproximar o corpo docente em trabalhos interdisciplinares para o desenvolvimento de ações didático-pedagógicas futuras.

Para registrar os avanços e as dificuldades do processo pedagógico, organizei um fichário com o registro das notas dos alunos das diversas séries, o qual também foi apresentado em gráficos que deveriam nos auxiliar na visão geral de todas as disciplinas. Como essa foi uma atividade trabalhosa e naquela época não tínhamos computador na escola, consegui mapear apenas poucas turmas.

Infelizmente, nem tudo o que sonhamos pode ser realizado. Contudo, vivemos um momento muito particular em determinada área do conhecimento, um evento que ficou marcado para sempre na minha memória e certamente na memória dos professores de Matemática.

O período das provas de recuperação era bastante conturbado em termos de horários tanto de alunos quanto de professores, bem como na disponibilidade de salas especiais. Resolvi, em uma conversa com a direção e com o coordenador de disciplina, realizá-las em apenas um dia – por exemplo, um dia para Ciências, outro para Português etc. – com todas as turmas, cada qual com seu professor. Sem problemas com as diversas áreas, cada professor

---

* Atualmente, a pré-escola é denominada *educação infantil*.

realizou sua prova sem dificuldades, até que chegou o dia da prova de Matemática. Simplificando a história, visto que faltaram salas para acomodar todos os alunos que haviam ficado de recuperação, foram colocadas carteiras extras no pátio da escola.

Para complicar, nesse dia eu sofri um acidente de carro que me impossibilitou de comparecer à instituição. O caos só não foi maior porque a coordenadora de disciplina e a coordenadora do 1º grau se uniram e resolveram o problema. Quando retornei, os professores falavam apenas na confusão que ocorreu, e eu me acovardei. Senti-me culpada e não agi como uma psicopedagoga deveria agir, ou seja, não perguntei aos professores de Matemática o essencial: Por que tantos alunos estavam de recuperação na matéria?

Até hoje sinto como se tivesse faltado com os professores e, principalmente, com os alunos, que deveriam estar com dificuldades nessa área. No entanto, quem trabalha em uma escola sabe: hoje resolve-se um problema, amanhã outro. Passado o primeiro impacto das críticas, fui chamada para resolver outras situações.

Reativamos o grêmio estudantil, mas com muitas reservas a respeito das ações a serem exercidas. Para não sermos repreendidos pela presidente da Associação de Pais e Mestres (APM) quanto a possíveis atividades políticas dentro da escola, as atividades dos alunos foram limitadas a ações culturais e esportivas, sendo uma delas a participação do colégio nos jogos intercolegiais. Há muitos anos a instituição não participava dessas atividades e, por isso, forneci todo o apoio necessário e contei com a colaboração da coordenadora de disciplina – que, por incrível que pareça, era adorada pelos alunos.

Contudo, em nenhum momento trabalhei, no colégio, com as crianças que apresentavam dificuldades de aprendizagem. Essa foi uma falha minha.

A psicopedagogia institucional tem três vertentes bem distintas. Em uma delas, a função do profissional é realizar avaliações dos alunos com dificuldades e trabalhar diretamente com eles. Em outra, ele presta serviços de assessoramento nas instituições escolares para auxiliar na resolução de problemas que de alguma forma as estão atingindo, além daqueles relacionados às dificuldades dos alunos. Em uma terceira vertente, o profissional trabalha na prevenção de dificuldades que podem surgir no processo ensino-aprendizagem.

Na escola, se formos solicitados a trabalhar com os alunos com dificuldades de aprendizagem, devemos tomar cuidado para não interferir no processo que ocorre paralelamente em sala de aula. Enquanto o professor desenvolve atividades relacionadas ao currículo, o psicopedagogo trabalha com a **avaliação diagnóstica**, a qual pressupõe a avaliação dos caminhos que a criança ou o adolescente escolhe para processar sua aprendizagem – caminhos que não estão dando certo de acordo com os objetivos propostos pela escola para determinada turma.

Penso que esse trabalho é prejudicado pela falta de autonomia do psicopedagogo, que não opera em um ambiente neutro, como em uma clínica. Uma escola tem normas e regras que impedem certas ações do profissional, tanto na hora da avaliação quanto no momento de intervenção.

Minha orientação é que o psicopedagogo realize uma avaliação diagnóstica, oriente os professores quanto aos resultados, apresente um planejamento diferenciado para os sujeitos em questão, acompanhe os resultados e realize encaminhamentos para clínicas especializadas, quando houver necessidade. Não aconselho o tratamento clínico no âmbito escolar, embora às vezes ele deva acontecer.

Sou mais adepta do **assessoramento**, que é a segunda vertente do trabalho psicopedagógico na instituição escolar. Se na escola ou, especificamente, na sala de aula algum obstáculo não puder ser removido por meio dos recursos pedagógicos e gerenciais propostos pela instituição, ou se ela perder a perspectiva da razão de determinado problema – o que é uma situação corriqueira –, acredito no benefício de uma ação psicopedagógica institucional, que pode seguir dois caminhos:

1. avaliação diagnóstica clínica com as crianças que têm dificuldades de aprendizagem e orientação dos professores; ou
2. avaliação institucional, com o objetivo de realizar uma intervenção que integre todos os envolvidos em projetos de trabalho.

Segundo Barbosa (2001), em uma instituição escolar, podem ser identificados quatro tipos de **obstáculos**, sendo estes de ordem: 1) do conhecimento, quando estão relacionados ao processo de ensino e aprendizagem; 2) da interação, quando se relacionam aos vínculos de ordem afetiva; 3) do funcionamento, quando se relacionam à dinâmica da instituição; e 4) estrutural, quando dizem respeito ao modo como a instituição está organizada nos quesitos hierárquico e relacional.

A psicopedagogia institucional, ainda tão recente nas equipes pedagógicas das escolas, tem suas especificidades, mas não pode agir isoladamente, assim como não pode, por questões éticas, tomar o lugar da direção, da supervisão pedagógica, da orientação educacional e da psicologia escolar*.

2.1 O assessoramento psicopedagógico além das dificuldades pedagógicas

Minha experiência nessa escola como supervisora pedagógica com formação psicopedagógica alterou de forma determinante minha atuação na busca de alternativas para os conflitos e as dificuldades que surgiam com os professores, os alunos – com relação a estes, eu compartilhava os obstáculos com a orientadora ou a coordenadora de disciplina – ou a direção geral.

As análises passavam por uma reflexão sobre a situação-problema, uma conversa com os envolvidos e um olhar sobre todos os intervenientes que pudessem estar causando aquela disfunção. Na sequência, era realizada uma nova conversa com os envolvidos para uma tomada de posição – nessa etapa do processo já haviam surgido algumas alternativas para a solução do problema.

As alternativas que eu apresentava eram discutidas, e a situação podia permanecer a mesma ou então ser alterada de acordo com as sugestões dos envolvidos (principalmente dos professores, com os quais eu tinha responsabilidades diretas).

Para ilustrar esse assessoramento, narro a seguir dois casos específicos. A professora de Geografia havia exposto o trabalho de seus alunos somente em sala de aula, para eles mesmos. Ela realizava

---

* Essas questões serão mais bem abordadas na sequência.

trabalhos incríveis, mas tinha grande insegurança quanto a expor o resultado de suas atividades para a escola, os pais e os visitantes. Passei a conversar com ela, a explicar a importância de seus estudos para todos, e não apenas para seus alunos. Programamos uma exposição e, em seguida, providenciei toda a infraestrutura e o material necessários, além de fornecer à professora o apoio afetivo que aparentava precisar. A exposição realizou-se na entrada da escola e foi um sucesso!

Não consegui o mesmo resultado com a professora de Português, que estava com dificuldades de trabalhar a produção de textos com alguns alunos de 5ª a 8ª série. Dei-lhe algumas sugestões, mas procurei me atualizar, participando de um curso de produção de textos. O conteúdo era pautado em um material escrito pelo próprio professor que ministrava o curso. Eu comprei todo o material solicitado, que consistia em uma coleção de livros que contemplava desde a pré-escola até o 2º grau. Na escola, mostrei o material à professora, pedi a ela uma análise, aguardei a resposta, cobrei algumas vezes, mas essa resposta nunca veio. Quando eu já havia saído da escola, encontrei essa professora na rua. Muito entusiasmada, ela me falou que estava fazendo um curso maravilhoso, com determinado professor, que tinha um material espetacular. Balancei a cabeça e disse: "Pois é, esse material é o mesmo que levei para a escola e dei para você analisar, não está lembrada?".

Podemos, então, fazer-nos algumas perguntas: O que será que acontece com as pessoas quando elas acatam ou rejeitam nossas propostas? É uma questão de comunicação, de afetividade, de compreensão? Ou é uma questão de mediação malsucedida?

Assim, auxiliar os professores na busca de caminhos alternativos e discutir práticas diferenciadas – de caráter metodológico, tecnológico ou de recursos materiais –, mudanças curriculares ou inovações nas práticas de avaliação são possibilidades válidas no trabalho psicopedagógico em busca de uma melhora na qualidade do ensino.

Orientar os pais também faz parte das nossas atribuições como psicopedagogos, embora não da mesma forma como fazemos na condição de psicopedagogos clínicos. Esse é um cuidado indispensável.

A instituição escolar, como frisei anteriormente, tem normas, um regimento interno e um planejamento de atividades que devem ser respeitados, sob risco de sermos punidos caso tomemos alguma decisão que seja contrária à ética da instituição.

A escola, considerada como sistema aberto, é um conjunto que se relaciona, interage e tem responsabilidades que extrapolam os seus muros, isto é, que envolvem os pais dos alunos e a comunidade como um todo. Assim, a ação psicopedagógica institucional também se compromete, por meio de suas ações, com esses outros sistemas.

Ao propor modificações no ambiente escolar, devemos tomar cuidados específicos e conhecer as famílias e a comunidade em que a escola está inserida. O assessoramento psicopedagógico que transpõe as dificuldades pedagógicas alerta-nos para o fato de que ações mal elaboradas podem prejudicar o trabalho como um todo, comprometendo nossa relação com os professores, os pais, a comunidade e, principalmente, os mais interessados: os alunos.

No âmbito institucional, a psicopedagogia institucional pode contribuir na promoção de mudanças na escola, de forma consciente e organizada, sem aderir aos modismos educacionais, mas propondo alterações necessárias e possíveis de serem efetivadas na conquista de novos resultados (Barbosa, 2001). Assim, nossas ações devem representar avanços tanto no campo da aprendizagem quanto no campo do ensino e da gestão.

2.2 Psicopedagogia preventiva: a terceira vertente do trabalho psicopedagógico

Quando falamos em **prevenção**, logo vem à nossa mente uma ideia de "vacina", de determinada ação que deve ser realizada para que um mal não se alastre. Assim, podemos nos questionar: Seria possível uma prevenção de dificuldades de aprendizagem na escola? Seria possível uma prevenção de problemas no âmbito escolar? Acredito que a resposta a essas perguntas seja "não".

Porém, algumas ações podem ser realizadas, para que se evite, de forma precoce, o surgimento de problemas. Por exemplo: na família, quando colocamos limites para nossos filhos, estamos agindo para que eles não se machuquem, saibam lidar com situações difíceis e frustrações, respeitem as pessoas etc. Na instituição escolar ocorre a mesma coisa. Podemos nos antecipar para que algumas dificuldades ou problemas não se manifestem, ou, quando inevitáveis, se manifestem de uma forma menos danosa, sendo mais simples solucioná-los.

Quando se trata de prevenção, o olhar do psicopedagogo pode dar uma solução mais efetiva, já que, ao não se envolver tão diretamente com o dia a dia da escola, o profissional tem maior propriedade para observar determinadas situações que podem causar transtornos no âmbito escolar.

Não há necessidade de o psicopedagogo permanecer em período integral na escola. Tenho a convicção de que, prestando assessoria, esse profissional pode auxiliar muito bem a escola, observando situações e orientando professores e administradores antes mesmo que algum problema se instale e prejudique a instituição ou os alunos.

Se as escolas tivessem esse profissional em seus quadros, prestando serviços duas ou três vezes por semana como observador, participando das reuniões pedagógicas e das reuniões com pais, muitos obstáculos poderiam ser evitados. Contudo, ele é chamado somente quando os problemas já estão instalados e as ações preventivas não são mais cabíveis.

Tomadas de decisão necessitam também de embasamento teórico para que possam ser fundamentadas e ter credibilidade científica. Tomamos uma decisão porque acreditamos que ela é a mais correta e vemos o mundo de determinada forma. Apoiamo-nos, então, nessa ou naquela teoria, que, aliada à prática e aos conhecimentos já adquiridos, pode nos auxiliar na resolução dos problemas de uma forma mais científica.

Assim, minhas orientações para a avaliação e a intervenção pedagógica sob um olhar psicopedagógico institucional se apoiam na teoria de Lev Semyonovich Vygotsky (1896-1934), no pensamento sistêmico e na proposta de Reuven Feuerstein (1921-), conceitos que serão discutidos no próximo capítulo.

ops

A teoria de Vygotsky, o pensamento sistêmico e a proposta de Reuven Feuerstein

Capítulo 3

Em um primeiro momento, posso afirmar que eu não tinha clareza em quais teorias deveria embasar meu trabalho psicopedagógico na prática como supervisora pedagógica, uma vez que tinha apenas experiência em psicopedagogia clínica. Assim, não conseguia transportar aquela experiência para a instituição escolar.

Eu já havia trabalhado com crianças com base em uma visão piagetiana, mas, ao estudar e entrar em contato com a teoria de Vygotsky, identifiquei-me muito com seu pensamento, bem como com a teoria relacional sistêmica e, mais recentemente, a proposta de Reuven Feuerstein.

Acredito que esses três pensamentos se relacionam, se complementam e orientam a análise e a intervenção em conflitos e dificuldades em instituições escolares, hospitalares ou empresariais.

Não sendo possível aprofundar-me em todas elas, como seria conveniente, procurarei expor os pensamentos desses renomados teóricos quanto ao que considero mais importante para a atuação do psicopedagogo institucional.

No decorrer dessa exposição, mencionarei também outros autores de grande relevância, mas sem entrar em detalhes sobre seus posicionamentos teóricos, esperando que você, leitor, o faça como complemento deste estudo e aprimoramento profissional.

3.1 A visão sócio-histórico-cultural de Vygotsky

Lev Semyonovich Vygotsky nasceu na Bielorrússia, em 1896. Foi um grande teórico da psicologia, com formação em várias áreas do conhecimento humano. Estudou direito, foi crítico literário, diretor de teatro em um centro de educação de adultos e realizou trabalhos na área de educação especial. Faleceu em 1934.

Suas análises sobre a psicologia partem de sua insatisfação com os estudos da época (pós-Revolução Russa) sobre os processos psicológicos humanos. Para Vygotsky, as explicações dos comportamentalistas Wilhelm Wundt e John B. Watson, e dos gestaltistas Max Wertheimer, Wolfang Köhler e Kurt Koffka não se aplicavam a fenômenos mais complexos e aceitáveis dos processos psicológicos superiores.

Para Vygotsky, citado por Souza (1994, p. 124), havia uma crise entre os estudiosos e, em virtude disso, a psicologia estava dividida em duas: "um ramo com características de 'ciência natural', que poderia explicar os processos elementares sensoriais e reflexos, e um outro com características de 'ciência mental', que descreveria as propriedades emergentes dos processos psicológicos superiores". Vygotsky passou a criticar com veemência as teorias da época, considerando-as mecanicistas e não aceitando que as funções intelectuais fossem resultado da maturação, ou seja, que elas já estivessem presentes no ser humano, esperando somente determinado momento para se manifestarem – conforme defendia Jean Piaget.

Os estudos de Vygotsky vão muito além das análises de seus contemporâneos. Suas explicações sobre a psicologia humana envolvem estudos da neurologia, da fisiologia e da história social do ser humano. Para o teórico bielorrusso, os estudos do materialismo dialético são fundamentais para a explicação da vida consciente do homem, pois mudanças históricas, sociais e materiais culminam em modificações na natureza humana.

Se analisarmos rapidamente a história, poderemos observar que o homem das cavernas, o da Idade Média, o da Era Industrial, o da Era Tecnológica e, atualmente, o da Era da Informação e da Comunicação pensam e agem de formas completamente diferentes. Igualmente, se analisarmos, por exemplo, o comportamento do homem e da mulher, do senhor feudal e do camponês, do artesão, do capitalista e do proletário, vamos observar que todos eles veem o mundo e se comportam de formas diferenciadas. Essa distinção é resultado de suas presenças em sociedades e culturas diferentes.

Essa interação entre homem e meio ambiente foi defendida de forma muito clara por Vygotsky em sua explicação sobre como o ser humano forma sua consciência e desenvolve seus processos psicológicos superiores – percepção, memória, raciocínio lógico e atenção –; como a criação e a utilização de signos (linguagem, escrita, sistema numérico, entre outros) exercem influências na forma de o ser humano interpretar o mundo, a sociedade em que vive e ele próprio; e, ainda, como essa interação e a utilização de signos alteram as relações sociais, bem como a consciência e a psicologia humanas.

Assim, a contribuição desse pesquisador para o entendimento de como o ser humano aprende ou adquire conhecimento influencia os estudiosos da educação em suas práticas pedagógicas e psicopedagógicas.

Vygotsky realizou seus experimentos não apenas com testes padronizados, mas observando os infantes de idades diferentes em situações diversas, em jogos e brincadeiras, em locais distintos e com os mais variados materiais. Com a colaboração de Alexander Luria e de Alexei N. Leontiev e seus estudos sobre neurologia –referentes ao sistema nervoso central e à plasticidade cerebral –, sua preocupação se voltava para os processos que os indivíduos utilizam na resolução de problemas. Observou, então, a importância da história de vida dos indivíduos que serviram de objeto para seus experimentos, constatando que a cultura (suas experiências sociais) à qual suas famílias pertenciam também influenciava a história do seu desenvolvimento psíquico.

Ao pensarmos sobre a instituição escolar como parte integrante da sociedade e a retirarmos da "redoma", colocando-a como instituição social que influencia e é influenciada por todos os setores da vida humana, aproximamo-nos das concepções vygotskianas comentadas anteriormente. Com isso, é possível analisar as relações sociais e psicológicas dentro da compreensão do ser humano como um ser sócio-histórico-cultural.

Para Vygotsky (1998, p. 7), "os estudos antropológicos e sociológicos eram coadjuvantes da observação e experimentação no grande empreendimento de explicar o progresso da consciência e do intelecto humanos". Em razão disso, a escola, como instituição participante desse processo, não pode deixar sua clientela alienada, distante dos problemas que afligem o mundo.

Agora voltemos à minha experiência. A presidente da Associação de Pais e Mestres (APM) do colégio era muito participativa, e tivemos discussões pertinentes sobre esse assunto. Apesar de tudo, ela não admitia que os livros didáticos mostrassem aos alunos a realidade brasileira ou mundial.

Ela dizia: "Nossas crianças não precisam se confrontar com esses assuntos. É muito cedo. Mais tarde, na idade adulta, elas ficarão sabendo das 'aflições do mundo'. Agora, não. Agora é para estudar, brincar, aprender a ler e a escrever, estudar as disciplinas do currículo, se preparar para o 2º grau e para a universidade e pronto! Nada de discussões sobre guerra, fome, miséria, desigualdades sociais, sexo, drogas ou qualquer outro assunto que traga infelicidade a elas!". Infelizmente eu consegui mudar muito pouco essa situação. Ela era poderosa como representante legítima dos interesses e das expectativas dos pais de alunos de um colégio de classe média-alta.

Torno a frisar que, na época desse trabalho, não era muito clara para mim a maneira de analisar aquele sistema sob o prisma sócio-histórico-cultural. Os estudos mais relevantes para nós, pedagogos formados na década de 1980, estavam centrados nas contribuições desses autores em relação ao desenvolvimento cognitivo e aos posicionamentos diferenciados a respeito do construtivismo piagetiano.

No que concerne relação a uma visão institucional, poderíamos apenas considerar a importância das relações sociais entre os indivíduos, a linguagem como fator preponderante de comunicação nessa interação e a forma como essas interações organizam e formam a consciência dos seres humanos.

Ao enfocarmos o trabalho psicopedagógico institucional no âmbito escolar embasados nos estudos de Vygotsky, não podemos mais enxergar a escola com o romantismo do passado. Ela saiu da "redoma": o sonho não acabou, mas a escola tradicional, sim. Atualmente, vivemos em uma sociedade com novas demandas ocupacionais, e o mundo do trabalho exige profissionais em sintonia com essas mudanças. Com isso, a escola passou a se definir como *instituição social*, preocupada com o desenvolvimento, a cultura e a inserção dos seus alunos no mundo real.

As crianças, mesmo as mais necessitadas, sabem muito bem o que é um computador, o que é a internet, assim como a maneira de manipular essas ferramentas incríveis, mesmo que em casa não tenham acesso direto a elas.

A vida, na atualidade, é um constante desafio. Dentro dessa perspectiva, a escola sofreu e vem sofrendo com mudanças que se operam fora de seus muros e exigem mudanças estruturais, filosóficas, ideológicas, econômicas e pedagógicas na instituição como um todo.

Assim, e de forma incipiente, minhas convicções, apoiadas no mínimo de compreensão sobre essa teoria e sua aplicação prática em uma instituição de ensino, bem como minha vivência na área psicopedagógica, não me permitiram tomar decisões que extrapolassem os limites do bom senso.

Um projeto de grandes proporções foi idealizado para a escola em que eu trabalhava, com o objetivo de aproximar coordenadores, professores e alunos dos diferentes níveis de ensino.

Observei que os coordenadores nunca se encontravam para discutir questões pedagógicas, administrativas ou relacionais, o que, do meu ponto de vista, era prejudicial para a escola como um todo e em todos os aspectos. Era como se cada um vivesse no seu setor, com seus problemas e suas dificuldades — como se cada nível pertencesse a uma escola diferente.

Conversando com os coordenadores, veio a ideia de realizarmos a Semana de Artes, que envolveria toda a escola. Foram necessários mais ou menos dois meses de preparação. Evidentemente, um evento dessas proporções causou insegurança em alguns, resistências em outros, mas, por outro lado, adesão da maioria. De qualquer forma, ao explicarmos os objetivos, grande parte do corpo docente concordou com as nossas observações e passou a colocá-los em prática, cada qual dentro da sua especialidade, com várias ideias em mente. Os alunos, sedentos por novidades, aderiram na hora, ansiosos para mostrar suas habilidades e seus dons artísticos.

A escola "fervia" em todos os sentidos. Durante a semana, música, dança, poesia, pintura, escultura e exposições de trabalhos artísticos com as mais variadas técnicas foram apresentadas no início das aulas, no intervalo e no horário das aulas especiais.

Não posso descrever em detalhes como foi essa semana, mas posso dizer que nossos objetivos foram atingidos.

Nós, os coordenadores, passamos a discutir questões pedagógicas, estratégias de ensino e a importância da maior integração entre os diferentes níveis para que a passagem de um para outro ocorresse de forma mais harmoniosa. Encontrávamo-nos em horários de almoço, fazíamos programas fora do espaço escolar e, com isso, criamos vínculos de amizade com professores dos diferentes níveis, o que nos animou a realizar outro projeto (sobre a melhor utilização do laboratório para todos os níveis).

3.2
A abordagem relacional sistêmica

A linha de pensamento relacional sistêmica me auxiliou muito na análise de fatos e fenômenos no trabalho clínico. É o momento de se pensar a escola com essa mesma visão, isto é, observando as inter-relações que se operam dentro da instituição escolar. Segundo Barbosa (2001, p. 21):

> A Psicopedagogia na e para a escola, na verdade, é uma das contribuições para que os novos paradigmas da ciência possam se instalar no interior desta instituição, possibilitando uma visão e uma ação interdisciplinar, holística, sistêmica que permitam que o ser humano seja visto como inteiro, como alguém que pensa, sente, faz e compartilha, e que possibilite que a aprendizagem não fique restrita a um ato de simples acumulação de informações já pensadas e concluídas em tempos passados.

É difícil elaborar diagnósticos e intervenções na instituição escolar considerando todas as variáveis que interferem em determinada problemática apresentada.

A forma como nós, psicopedagogos, encaminhamos nossas propostas de avaliação e intervenção é muito importante quando necessitamos da cooperação de todo o corpo docente e administrativo na busca de soluções para os problemas.

Considerando a colaboração da maioria dos professores e mesmo de secretárias, auxiliares administrativos e pais de alunos, acredito que minha experiência clínica multidisciplinar tenha contribuído sobremaneira para me posicionar diante dos problemas que surgiram na escola.

A observação de que nós, coordenadores, necessitávamos aproximar os professores dos diferentes níveis e estimulá-los a pensar de forma multidisciplinar levou-nos a ter longas conversas e trocas de experiências, bem como a descobrir os interesses dos alunos, procurando, por meio de suas necessidades, motivar os professores a realizarem alguma ação na área pedagógica, com um pensamento mais integrativo.

Foi uma surpresa descobrir que o laboratório era o assunto que suscitava a curiosidade de grande parte das crianças. No entanto, esse espaço podia ser utilizado somente pelos alunos de 5ª a 8ª série e do 2º grau.

Conversamos com os docentes, e um professor do 2º grau e uma professora da 1ª a 4ª série se dispuseram a realizar um projeto.

O medo de que as crianças se machucassem ou quebrassem algum objeto valioso foi superado pelo interesse delas em aprender em um ambiente anteriormente proibido. Foi muito bonito e emocionante observar a seriedade, o compromisso e a disciplina de todos os alunos, como se aquilo fosse um ritual de passagem!

Meu posicionamento sempre foi voltado para os fatos, nunca para as pessoas envolvidas, em uma atitude de culpabilizar esse ou aquele indivíduo; sempre penso: "Vamos, juntos, procurar uma solução". Essa é uma das razões pelas quais venho orientando meu trabalho dentro dessa linha psicológica: a retirada da culpa de quem quer que esteja envolvido em algum fato que se apresente disfuncional, seja na família, seja na escola, isto é, a busca de novas atitudes diante dos problemas que se apresentam.

O enfoque sistêmico nos auxilia nessa busca, visto que tal proposta para a solução de problemas nos obriga a olhar o todo, ou seja, todas as manifestações desses problemas que possam influenciar a ocorrência desse ou daquele fenômeno, e a considerar a retroalimentação (feedback) e a comunicação, fatores indispensáveis a uma análise sistêmica dos problemas.

Capra (1982, p. 259) nos fala da concepção sistêmica de vida:

> A nova visão da realidade [...] baseia-se na consciência do estado de inter-relação e interdependência essencial de todos os fenômenos — físicos, biológicos, psicológicos, sociais e culturais. [...] nenhuma teoria ou modelo será mais fundamental do que o outro. Do mesmo modo, nenhuma das novas instituições sociais será superior ou mais importante do que qualquer uma das outras, e todas elas terão que estar conscientes umas das outras e se comunicar e cooperar entre si.

Para compreendermos melhor essa abordagem, bem como sua articulação com a teoria sócio-histórico-cultural de Vygotsky, é importante conceituarmos a palavra *sistema*. De acordo com Chiavenato (2004, p. 692), *sistema* é:

um conjunto de elementos dinamicamente relacionados entre si, formando uma atividade para atingir um objetivo, operando sobre entradas (informação, energia ou matéria) e fornecendo saídas (informação, energia ou matéria) processadas. Os elementos, as relações entre eles e os objetivos (ou propósitos) constituem os aspectos fundamentais da definição de um sistema. Os elementos constituem as partes ou órgãos que compõem o sistema e estão dinamicamente relacionados entre si, mantendo uma constante interação. A rede que caracteriza as relações entre os elementos (rede de comunicações entre os elementos) define o estado do sistema, isto é, se ele está operando todas essas relações (estado dinâmico ou estável) ou não. As linhas que formam a rede de relações constituem as comunicações existentes no sistema.

De acordo com o referido autor (Chiavenato, 2004), existe uma classificação arbitrária dos sistemas:

a) **Sistema determinístico** – É aquele no qual as partes interagem de uma forma perfeitamente previsível. Por exemplo: ao se girar a roda de uma máquina de costura, é possível prever o movimento da agulha.

b) **Sistema probabilístico** – É aquele para o qual não pode ser fornecida uma previsão detalhada; a previsão se enquadrará nas limitações lógicas da probabilidade. Por exemplo: ao se oferecer um osso a um cachorro, ele poderá aproximar-se ou não mostrar interesse e afastar-se.

Ao nos referirmos aos sistemas familiar e institucional escolar, estamos tratando da classe dos sistemas probabilísticos. A complexidade dos sistemas familiares e escolares também é explicada por eles serem sistemas vivos e abertos, ou seja, que influenciam e recebem influências, que possuem existência autônoma e são autorreguláveis.

Essa teoria foi elaborada pelo biólogo alemão Ludwig von Bertalanffy, na década de 1950, e recebeu o nome de *teoria geral dos sistemas*, cujo objetivo era aproximar as ciências, em uma visão interdisciplinar dos conhecimentos. Essa é outra característica que aproxima a referida teoria da psicopedagogia, também epistemologicamente interdisciplinar, da teoria de Vygotsky: a compreensão de que os sistemas não podem ser explicados e compreendidos em suas partes, fazendo-se necessária a compreensão do todo e da integração de diversos ramos do conhecimento na explicação de fenômenos, de caráter físico, biológico, psíquico, educacional, social etc.

Gasparian (2004, p. 42) apresenta as quatro propriedades de um modelo sistêmico:

1. **Globalidade** – Toda e qualquer parte de um sistema está relacionada de tal modo com as demais partes que a mudança numa delas provoca mudanças nas demais e, consequentemente, no sistema total.
2. **Retroalimentação, ou feedback** – As partes de um sistema unem-se por meio de uma relação circular. A retroalimentação e a circularidade são o modelo causal para uma teoria de sistemas interacionais, ao qual pertence o sistema institucional escolar.
3. **Homeostase** – Todo sistema tem um processo de equilibração.
4. **Equifinalidade** – Comportamentos diferentes podem criar a mesma consequência.

Trabalhar com essa visão em uma instituição escolar significa colocar tudo e todos em uma dinâmica de inter-relações em que as influências são recíprocas. Com isso, escola, família e comunidade não podem ser analisadas individualmente. Os vínculos socioeconômicos, culturais e afetivos são muito fortes para que se considere apenas um aspecto de determinada problemática. Mais relevante é considerar o quanto essa problemática, que deve ser analisada em sua totalidade, está prejudicando o aluno.

Qual seria, então, o pensamento sistêmico utilizado para nortear o fazer psicopedagógico? Segundo Capra e Steindl-Rast (1993, p. 11-14, grifo do original):

1. **Mudança da parte para o todo**
   [...] relação entre as partes e o todo é invertida. As propriedades das partes só podem ser entendidas a partir da dinâmica do todo. [...]
2. **Mudança de estrutura para processo**
   [...] cada estrutura é vista como a manifestação de um processo subjacente. Toda a teia de relações é intrinsecamente dinâmica [...]
3. **Mudança de ciência objetiva para "ciência epistêmica"**
   [...] acredita-se que a epistemologia – a compreensão do processo de conhecimento – deve ser incluída explicitamente na descrição dos fenômenos naturais [...] a epistemologia terá de ser parte integrante de cada teoria científica.
4. **Mudança de construção para rede como metáfora do conhecimento**
   [...] Na medida em que percebemos a realidade como uma rede de relações, nossas descrições formam, igualmente, uma rede interconexa representando os fenômenos observados. Nessa rede, não há hierarquias nem alicerces. [...]
5. **Mudanças de descrições verdadeiras para descrições aproximadas**

[...] reconhece que todos os conceitos, todas as teorias e todas as descobertas são limitadas e aproximadas. A ciência nunca poderá fornecer uma compreensão completa e definitiva da realidade. No trabalho institucional relacional sistêmico amplia-se a visão do psicopedagogo, dando-lhe maior flexibilidade de atuação e compreensão do sistema ensino-aprendizagem dos alunos e dos professores. [...].

Ao considerarmos a abordagem sistêmica na análise de fatos relacionados à instituição escolar, é necessário levar em consideração:

- que ela se trata de um sistema vivo, aberto e altamente complexo;
- que seus elementos componentes estão relacionados entre si e, por isso, não podem ser analisados e considerados de forma isolada;
- que as informações e o sistema de comunicação devem ser analisados, levando-se em consideração os propósitos e os objetivos da instituição;
- se o sistema está operando de forma funcional ou disfuncional (nesse caso, deve-se analisar o elemento que mais perturba o ambiente);
- que o processo de avaliação deve contemplar todos os aspectos envolvidos no processo ensino-aprendizagem;
- que o processo de intervenção fornecerá *feedback* para novas ações, em um processo de retroalimentação.

Tudo em uma escola gira – ou deveria girar – em torno do processo ensino-aprendizagem. Assim, podemos questionar: Quem ensina? Quem aprende?

Há alguns anos, quem detinha o poder de ensinar era o professor e quem deveria aprender era o aluno. Atualmente, todos nós sabemos que ambos são "ensinantes" e "aprendentes", em uma relação não de igualdade, mas de respeito pelas vivências de um e de outro. Essas vivências se manifestam no espaço escolar e essas várias formas de comunicação são elementos fundamentais em uma avaliação diagnóstica institucional.

É importante compreender que são as pessoas que fazem as instituições funcionarem: a teoria, ou seja, o que está escrito, pode ser muito bonito, mas deve ser colocado em prática para poder funcionar.

Assim, quando a prática se revela disfuncional, isso se deve ao fato de que as interações e as comunicações não estão ocorrendo de maneira satisfatória. É possível observar nas instituições escolares as resistências, as formas como pessoas ou grupos se aliam ou se afastam para resolver seus problemas, o comodismo ou a criatividade dos grupos e a participação dos alunos na elaboração de algumas normas e dos pais na organização do currículo.

As propostas de intervenção nas instituições estão diretamente relacionadas a mudanças, a transformações de toda e qualquer ordem e à construção de novas propostas para a resolução de problemas. Assim, não podemos nos esquecer de que, segundo uma visão sistêmica, mudanças em determinado aspecto modificam todos os demais. Por isso, faço uma recomendação sobre o bom senso, um alerta para que sejam consideradas as consequências das mudanças nos envolvidos: devemos evitar revoluções no ambiente, uma vez que podemos prejudicar a proposta psicopedagógica no seu todo.

3.3
A proposta de Reuven Feuerstein

Reuven Feuerstein, nascido em 1921, destacou-se em virtude de seu método de intervenção psicopedagógica. O renomado psicólogo desenvolveu a teoria da modificabilidade cognitiva estrutural e o programa de enriquecimento instrumental. Além disso, fundou e dirigiu o Centro Internacional de Desenvolvimento do Potencial de Aprendizagem, em Jerusalém.

A respeito da relação entre as abordagens teóricas de Feuerstein e Vygotsky, Beyer (1996, p. 81) destaca que:

> A ênfase sociocultural de Feuerstein no que tange aos processos de desenvolvimento e aprendizagem encontra paralelo na abordagem teórica de Vygotsky a respeito das interações socioculturais da criança. Feuerstein, assim como Vygotsky, reconhece o desenvolvimento ontogenético das estruturas do conhecimento e da linguagem. Este desenvolvimento, no entanto, correlaciona-se significativamente com a dinâmica interativa da criança. Assim, o nível qualitativo das interações socioculturais influencia diretamente a forma que a construção psicológica (cognitiva e afetiva) individual terá.

Turra (2007, p. 299) complementa, ao afirmar que:

> Reuven Feuerstein baseia-se no fato de não se poder nunca prever limites para o desenvolvimento psicológico, nem simplesmente classificar pessoas sem conhecimento prévio da propensão de aprendizagem das mesmas. O autor, metodologicamente, caminha numa direção oposta às teorias que, ao abordarem a relação desenvolvimento/aprendizagem, localizam a origem dos problemas ora nos indivíduos, ora nas condições de estímulo oferecidas aos indivíduos pelo meio em que vivem.

Ao incorporar a proposta de modificabilidade cognitiva estrutural em um trabalho psicopedagógico institucional, tenho em mente, em primeiro lugar, a compatibilidade de ideias tanto com Vygotsky quanto com a linha sistêmica. Em segundo lugar, considero que Feuerstein nos apresenta uma proposta operacional de mediação exatamente como propõe Vygotsky.

Para Feuerstein, citado por Gomes (2002, p. 66):

a modificabilidade é um fator tanto biológico quanto cultural, o que [...] remete a Vygotsky. O conceito de modificabilidade implica uma estrutura cognitiva permeável aos estímulos culturais e torna cada indivíduo único, imprevisível, capaz de superar suas condições atuais, predominantes, mesmo que graves, e de alterar o curso do esperado.

Com isso, vemos que o trabalho psicopedagógico institucional é exatamente este: o de mediar situações que levem os participantes a modificarem sua atuação no âmbito escolar para a melhora do processo ensino-aprendizagem, o que também resultará em mudanças estruturais de pensamento, consciência e comportamento de todos os envolvidos. Na instituição escolar, essa mediação poderá ser realizada por meio de novos instrumentos e ferramentas, tais como: outros textos e bibliografias, materiais didáticos diversificados, novos sites de busca, novas metodologias, aprofundamento de discussões sobre o processo de avaliação e novas estratégias de ensino.

Nessa mediação, também estão envolvidos os aspectos afetivos. Se em um processo de avaliação e intervenção não considerarmos a emoção e a afetividade como fatores para que as mudanças ocorram de forma menos traumática, ou com maior aceitação, estaremos fadados ao fracasso. Como defende Feuerstein, citado por Gomes (2002, p. 89):

Aqui reside toda a transmissão mediada de valores, atitudes culturais e pessoais do mediador para com o mediado. É o fator da interação que mais mobiliza o aspecto afetivo, envolvendo toda a crença de mundo do mediador e do mediado: as expectativas e os valores, os ideais e os laços sociais de uma comunidade, de um grupo, de uma nação.

Ressaltamos que as propostas de Feuerstein dirigem-se a crianças, adolescentes e até mesmo a adultos com dificuldades de aprendizagem. No entanto, se nos colocarmos como "eternos aprendizes", poderemos aplicar essa teoria na observação de situações escolares disfuncionais, uma vez que as ações dos indivíduos na escola podem estar ocasionando tal disfunção.

Se nosso trabalho requer a mudança de determinada situação, ele evidentemente visará, em um primeiro plano, à modificabilidade cognitiva dos atores que realizarão as mudanças. Podemos, então, utilizar essa proposta para introduzir novas práticas educacionais com base na interação mediada.

Voltando à minha experiência: em um sábado, eu estava me arrumando para ir à feira de artesanato quando o telefone tocou. Era o senhor encarregado da manutenção do colégio, dizendo: "Professora, por favor, me ajude, o caminhão de entrega das carnes chegou e não tem ninguém no colégio para assinar a nota fiscal e receber as carnes. Acho que vou mandá-lo embora". Eu respondi: "Não, não faça isso (no período integral, as crianças almoçavam no colégio, e eu imaginei: segunda-feira sem carne para o almoço seria o caos!). Assine o senhor mesmo a nota fiscal, receba as carnes, coloque tudo arrumado no *freezer* e, se houver qualquer problema, eu assumo". Ele me agradeceu. Isso aconteceu um ano depois de eu ter me desligado do colégio.

Penso que nunca agradaremos a todos em cada momento de nossa vida. Ao realizarmos nosso trabalho com responsabilidade, coerência e dignidade e demonstrarmos conhecimento, competência, humildade para reconhecer os nossos próprios erros e equívocos e firmeza para realizar as mudanças necessárias, estaremos contribuindo para que as instituições, familiares ou educacionais, transformem-se em algo melhor. Com certeza, dessa forma, deixaremos a nossa marca.

icop

Avaliação psicopedagógica institucional

Capítulo 4

A formação mais abrangente do especialista em psicopedagogia, em sua atuação na instituição escolar, é o que o diferencia dos demais profissionais. Como profissional das áreas da educação e da saúde, posso afirmar que a grade curricular dos cursos de especialização em Psicopedagogia contemplam conhecimentos que não são contemplados pelos cursos de Pedagogia. As propostas de avaliação e de intervenção psicopedagógica não se limitam aos fazeres pedagógicos e vão além das questões de ordem metodológica e daquelas relacionadas a estratégias de ensino e sistemas de avaliação.

Como indiquei anteriormente, a observação psicopedagógica ultrapassa os muros da escola. Seus instrumentos de avaliação também são de outra ordem, visto que procuram desvendar as possíveis causas de problemas relacionados aos alunos em particular, às relações interpessoais no âmbito escolar ou à gestão da educação. Esses instrumentos devem contemplar questões sócio-político-econômicas, culturais e afetivo-emocionais que podem estar causando a disfunção no âmbito escolar e comprometendo o trabalho pedagógico.

Devem ser observadas também questões de organização e planejamento curricular e flexibilidade ou centralização na aplicação dos saberes – por exemplo, se existem possibilidades de ministrar as aulas de formas variadas ou se os professores devem seguir formas rígidas; se o sistema de avaliação é compatível com as estratégias de ensino; se há fatores que facilitam ou dificultam o sistema de informações dentro da escola; se existe transparência nas atitudes da direção-geral em relação ao corpo docente como um todo e ao corpo administrativo; se os fazeres pedagógicos entre os professores seguem mais ou menos os mesmos padrões, ou se cada professor, na sua sala de aula, administra os conhecimentos da forma que melhor lhe apraz; se os professores trabalham em equipe em algum momento, não apenas em festas e comemorações; se a escola dispensa tempo suficiente para estudos e aperfeiçoamento dos professores; se os recursos financeiros são alocados corretamente; e se existe um espaço para os professores discutirem problemas ou dificuldades relacionados aos seus interesses.

Essas colocações são fundamentais para uma avaliação diagnóstica institucional, pois a forma como uma escola estabelece seus códigos de conduta lhe confere sua identidade. A respeito disso, Forquin (1993, p. 90) explica que *o modo pelo qual se acham organizados, delimitados, classificados, separados os saberes veiculados na escola influencia, com efeito, a construção da identidade entre os alunos, o modo pelo qual eles se situam no mundo e se comportam com relação aos outros, e contribui para modelar a ordem social.*

Para que não ocorram disfunções, é necessária a existência de uma forma muito clara de gestão escolar em todos os setores. À psicopedagogia cabe analisar as situações disfuncionais como um todo, a saber:

a) se as relações e as interações que ocorrem no espaço escolar são as causadoras dos problemas apresentados;

b) se os conteúdos propostos no currículo não estão sendo desenvolvidos a contento, e quais são as causas desse problema;

c) em que medida as metodologias estão dificultando a aprendizagem dos alunos;

d) se os problemas advêm de dificuldades na administração ou até mesmo das relações da escola com os órgãos superiores (Secretaria da Educação e Ministério da Educação);

e) se existem incompatibilidades entre o sistema escolar e as famílias;

f) até que ponto as disfunções observadas não estão relacionadas intimamente a problemas com a comunidade;

g) se as atividades extraclasse estão em conformidade com os desejos dos alunos.

É importante ressaltarmos que o psicopedagogo, para realizar sua avaliação diagnóstica, também pode aplicar questionários, realizar entrevistas e dinâmicas de grupo e, segundo Calberg, citado por Barbosa (2001, p. 160):

> podem ser utilizados também: levantamentos estatísticos, análise de material e documentos, o conhecimento da estrutura de exercícios propostos, a formulação de provas, de instrumentos de avaliação de professores e alunos, a proposta curricular da instituição, o plano político-pedagógico, o regimento interno etc. A comparação entre o discurso escrito e o que acontece no dia a dia pode nos fornecer pistas importantes sobre as causas atuais de determinados sintomas.

Diz o ditado que "santo de casa não faz milagre", mas devemos convir que nossos professores, em sua grande maioria, percebem as situações conflituosas da instituição e, muitas vezes, veem-se de mãos atadas para solucioná-las. Assim, a presença de um profissional qualificado no momento de uma avaliação, isento de relações mais profundas com a instituição – como pode ser o caso de um psicopedagogo que presta assessoria – é de mais fácil aceitação para todos os envolvidos.

> São atribuições do psicopedagogo: observar a escola de maneira informal, aplicar instrumentos formais de avaliação institucional, levantar hipóteses diagnósticas e propor intervenções no sistema escolar a fim de favorecer o processo ensino-aprendizagem, tendo como suporte teorias que auxiliam no esclarecimento das dificuldades pelas quais a instituição está passando.

Nossa proposta de avaliação institucional também prevê **encaminhamentos, devolutivas** e **informativos psicopedagógicos** no que diz respeito tanto aos alunos em particular quanto à instituição como um todo.

Em relação aos alunos, os encaminhamentos podem ser realizados para médicos, fonoaudiólogos, psicólogos e professores particulares; as devolutivas, por sua vez, podem ser feitas para pais, professores e outros profissionais; e os informativos devem ser todos feitos por escrito, de forma resumida, com linguagem específica para cada interessado (pais, professores ou outros profissionais).

No que concerne à instituição, a devolutiva deve ser organizada para o grupo de professores, coordenadores e gestores; o informativo também deve ser feito por escrito, para que não pairem dúvidas sobre o que foi observado e o que deve ser analisado e discutido com o grupo; e os encaminhamentos – principalmente os de ordem burocrática – podem ser feitos para a Secretaria da Educação ou para outros órgãos da Administração Pública, quando for necessário.

Propor estratégias de intervenção, com base nas informações coletadas, é o segundo passo do fazer psicopedagógico institucional.

4.1
A intervenção psicopedagógica institucional

A intervenção é um momento que exige muita reflexão por parte do psicopedagogo, uma vez que ele deve ter plena convicção de que suas propostas podem alterar ou quebrar a harmonia da instituição como um todo. Se existe a necessidade de mudar qualquer aspecto que apresente disfuncionalidade, isso se refletirá em todas as instâncias da instituição.

Ao nos colocarmos como parceiros em uma equipe técnico-pedagógica, devemos ter bem claro que nossas propostas de intervenção devem partir, em primeiro lugar, de um esclarecimento aos envolvidos de que somos todos aprendizes, e que a razão maior da presença do psicopedagogo na escola é a troca de experiências e a busca de novos caminhos para solucionar um problema que está dificultando o trabalho pedagógico. Enfim, a compreensão de que somos aliados, não adversários.

Uma ação mediadora auxilia:

- na compreensão, por parte de todos os envolvidos, dos novos caminhos a serem buscados;
- na conscientização das mudanças internas que ocorrerão em cada um, particularmente nos funcionários; e
- na necessidade da ação conjunta, pois sozinhos não iremos muito longe – é cansativo e desanimador.

Assim, para uma ação de intervenção, proponho que seja utilizado o **método de projetos**. Projetos são enriquecedores, na medida em que fornecem oportunidades iguais a todos os participantes, cada qual com suas habilidades. São lúdicos, divertem, fazem rir, melhoram as relações interpessoais, permitem a criatividade, mexem com os desejos, os sonhos e as expectativas dos participantes e ainda nos fazem refletir, discutir, criticar, planejar e organizar. Por fim, projetos nos auxiliam a comparar, interpretar, realizar avaliações e decidir.

Para que os projetos se concretizem, é necessário que:

- os responsáveis partam de uma necessidade real, por exemplo, uma "queixa" ou um sintoma;
- os envolvidos desejem solucionar tal "situação";
- a instituição disponha de tempo para a organização do projeto;
- os objetivos estejam claros;

- um cronograma seja estabelecido;
- um modelo de avaliação final seja elaborado;
- os envolvidos trabalhem com ética e respeito às diferenças.

Essas são condições básicas para se iniciar qualquer projeto institucional, tenha ele foco nas dificuldades relacionadas à aprendizagem de alunos em particular ou à instituição como promotora do processo ensino-aprendizagem.

4.2 Quando o projeto está voltado para os alunos com dificuldades de aprendizagem

Ao nos referirmos a alunos com dificuldades de aprendizagem no âmbito escolar, não devemos nos preocupar somente com o aspecto relacionado à não aprendizagem dos conteúdos propostos e às funções cognitivas do discente, mas devemos observar que ele está inserido em outros sistemas (familiar, comunitário etc.), e que as dificuldades de aprendizagem apresentadas podem estar ocasionando conflitos internos não observáveis, perturbando seu desenvolvimento afetivo-emocional, cognitivo e social e, às vezes, até mesmo comprometendo sua saúde. Assim, diante dessa situação, devemos nos colocar como "aprendentes".

Aprendendo com o professor sobre o aluno

O primeiro passo para o tratamento de alunos com dificuldades de aprendizagem é conversar com o professor e aproveitar o momento para:

- ouvir a "queixa" além da "queixa", ou seja, com ouvidos voltados para as expressões utilizadas pelo professor ao se referir ao aluno em questão;
- olhar o queixoso para além de sua figura, observando as expressões corporais, os "tiques nervosos", e se o olhar é fixo ou se desvia constantemente;
- prestar muita atenção no discurso do professor e na sua predisposição para participar de um projeto de intervenção psicopedagógico;
- atentar para o conhecimento que o professor tem das potencialidades e dificuldades do aluno, observando se ele realmente o conhece;
- notar se ele descreve com detalhes a metodologia, a avaliação e as estratégias de ensino utilizadas para auxiliar o aluno;
- verificar como se comunica com a família, os coordenadores e a direção-geral.

Após conversar e aprender com o professor sobre o aluno, chega o momento de aprender com o aluno sobre ele mesmo, como veremos a seguir.

Aprendendo com o aluno sobre ele mesmo

O segundo passo do processo é realizar uma avaliação diagnóstica clínica com o aluno. É importante avaliar, nesse momento, os aspectos psicomotores, visuais, auditivos, cognitivos, de saúde, emocionais, afetivos, comportamentais, intelectuais, socioculturais, familiares e pedagógicos.

Os instrumentos de avaliação diferem conforme os conhecimentos apropriados pelo psicopedagogo durante sua formação, uma vez que são essas teorias que embasarão a avaliação diagnóstica clínica e o processo de intervenção realizados por esse profissional.

No entanto, acredito que o psicopedagogo deve realizar uma devolutiva* e apresentar um plano de intervenção a ser colocado em prática pelos pais e professores, além de acompanhar e avaliar os resultados somente para novas orientações. Se achar necessário, ele deve realizar encaminhamentos para tratamento psicopedagógico clínico.

Aprendendo com os pais sobre o aluno

Em relação ao desempenho do aluno consequente do acompanhamento e do estímulo realizados pelos pais, Paro (2000, p. 16) declara que:

> *a escola que toma como objeto de preocupação levar o aluno a querer aprender precisa ter presente a continuidade entre a educação familiar e a escolar, buscando formas de conseguir a adesão da família para sua tarefa de desenvolver nos educandos atitudes positivas e duradouras com relação ao aprender e ao estudar. Grande parte do trabalho do professor seria facilitado se o estudante já viesse para a escola predisposto para o estudo e se, em casa, ele tivesse quem, convencido da importância da escolaridade, o estimulasse a esforçar-se ao máximo para aprender.*

A participação dos pais no atendimento psicopedagógico é fundamental e, por isso, eles devem ter um esclarecimento sobre como é realizado esse trabalho. As explicações devem estar à altura da compreensão deles e precisam ser feitas de forma simples, sem a utilização de termos técnicos.

---

*   Devolutiva: apresentação, aos pais e professores, dos resultados da avaliação diagnóstica.

A anamnese* deve ser objetiva, tomando-se os cuidados necessários com perguntas que possam constranger os pais – como frisei anteriormente, na escola não podemos ultrapassar certos limites. O psicopedagogo deve analisar o comprometimento dos pais em relação à participação no projeto de atendimento psicopedagógico: é preciso observar se os pais participam da vida escolar do filho, se o acompanham nas tarefas, se o aluno tem hábitos de estudo, e, ainda, descobrir qual é a importância da escolaridade para os pais, observando se eles são alfabetizados, se participam das reuniões, das festas, da Associação de Pais e Mestres (APM), se conhecem a proposta pedagógica da escola e qual o conceito que têm dela.

É importante que esses fatores sejam atentamente observados, para que o psicopedagogo possa, no futuro, oferecer orientações aos pais.

4.3
Quando o projeto está voltado para a instituição escolar

Aqui, inicio com um caso concreto: minha irmã foi supervisora pedagógica em uma escola particular. Certo dia, ela me telefonou pedindo auxílio para resolver um problema da 5ª série (atual 6º ano). Nossa conversa foi a seguinte:

"– Os alunos estão insuportáveis!

– Mas o que está acontecendo?

– Olha, eu não sei mais o que fazer. Os meninos estão batendo nas meninas, levantando suas saias, puxando seus cabelos. Abaixam

---

* Anamnese: questionário que se aplica aos pais para a obtenção de informações sobre o aluno (histórico do desenvolvimento biopsicossocial).

suas calças e as dos colegas. Tem pai e mãe reclamando, tem aluna chorando e dizendo que não vem mais para a escola. Os professores não dão conta em sala de aula. O que é que eu faço?

— Você percebe que esse é um típico pedido de socorro dos alunos?

— Eu é que estou pedindo socorro para você!

— Isso é um sintoma de que algo não está sendo resolvido a contento. Vamos fazer um projeto no qual todos se envolvam (pais, professores e alunos), para darmos uma resposta que auxilie os meninos a compreenderem as diferenças sexuais. É isso que pode estar acontecendo".

Esse não era um problema da ordem de aprendizagem do conteúdo escolar: era um problema que estava afetando a instituição como um todo. Assim como esse, existem outros problemas que podem tornar a escola disfuncional por certo período. Na psicopedagogia, analisamos as queixas da instituição escolar como sintomas, isto é, manifestações de comportamentos que indicam que algo não está bem, como uma dor de cabeça, que pode ser o reflexo de um problema no fígado. Nesse caso, o sintoma é um reflexo, não o problema propriamente dito.

Segundo Barbosa (2001, p. 136),

> parte-se da observação da realidade, levando-se em consideração o contexto maior em que a mesma está inserida. É importante se estabelecer, neste momento, as relações entre o que é específico, o que é singular e o que é universal. No caso de uma instituição escolar, o específico diz respeito ao sintoma a ser observado, o singular refere-se à instituição como um todo; e o universal diz respeito à concepção de mundo, de homem e de educação que impera na sociedade.

Compartilho desse posicionamento totalmente inserido na teoria dos sistemas, a qual defende que devemos analisar o todo e não somente uma parte da instituição. Tomemos como exemplo a história relatada anteriormente. O primeiro aspecto que foi observado dizia respeito às queixas e sintomas (fator específico):

a) Meninos que levantavam as saias das meninas, abaixavam suas calças e as dos colegas.
b) Professores sem "rédeas" para controlar o problema em sala de aula.
c) Pais preocupados e cobrando soluções da escola.
d) Supervisora que já havia esgotado todas as possíveis propostas de solução – diálogos, admoestações na caderneta, conversas com os pais; castigo na sala da diretora etc.
e) Alunas que não queriam mais ir à escola.

Observe que esses sintomas, isto é, os comportamentos observáveis, não se relacionavam a apenas um aluno; a queixa da supervisora dizia respeito ao comportamento de quase toda a instituição e seus componentes – pais, professores e alunos (fator singular). Era, portanto, um obstáculo da ordem do conhecimento (lembra-se do Capítulo 2?).

Um tema – nesse caso, as diferenças entre os sexos e suas características – que, ao que tudo indica, não estava no currículo da 5ª série, ocasionava a agressividade, a indisciplina, a insegurança dos professores e o desconhecimento da supervisora pedagógica sobre como realizar uma análise mais profunda da situação e propor uma solução.

Para resolvermos esse problema, procuramos, juntas, caracterizar aquela instituição, que:

- atendia alunos de classe média, cujos pais, em sua maioria, trabalhavam fora e dispensavam pouco tempo para os filhos;
- contava com professores capacitados e boa infraestrutura;
- possibilitava aos alunos o acesso à mídia e às novas tecnologias de informação e comunicação;
- a escola, apesar da boa infraestrutura, era bastante tradicional, com regras rígidas em relação à disciplina, à ordem, aos horários e às cobranças de toda ordem.

Apesar de ser uma escola particular, ela estava localizada em um bairro bastante agitado e, às vezes, perigoso (fator universal). Com isso, as crianças conviviam com histórias de gangues e tiroteios.

Como pedagogas, sabíamos que essa é uma idade em que estão os alunos da 5ª série é de descobertas e curiosidade sobre o sexo e sobre diferenças entre meninas e meninos. "Se ninguém explica, vamos descobrir sozinhos!", pensavam os alunos.

Observamos e discutimos as possibilidades de elaborar um projeto, visto que eram bastante claras as causas do comportamento dos meninos:

a) Falta de esclarecimento sobre suas inquietações por parte tanto dos pais quanto da escola.

b) Método tradicional de ensino, que oferece poucas oportunidades para que sejam discutidas, dentro dos muros da escola, situações que possam comprometer a imagem da instituição na comunidade (drogas, sexo, aborto, gravidez na adolescência etc.);

c) Ausência do trabalho pedagógico em projetos desse nível.

Após essa análise, elaboramos um pré-projeto para ser discutido com a direção, os professores e os pais. Como a situação estava fora de controle, todos se dispuseram a colaborar, e realmente colaboraram! A organização de um projeto envolve **conhecimento, planejamento, programação de atividades** e **avaliação dos resultados**. Além disso, também podem ser necessárias entrevistas, aplicação de questionários, dinâmicas de grupo etc.

Nesse caso, limitamo-nos a expor o pré-projeto aos envolvidos, não levando em consideração aspectos como as razões de esses pais e professores terem receio de falar com os filhos/alunos sobre sexo. Preferimos não entrar nesse espaço de sentimentos, emoções, afetos e desafetos, mas estávamos conscientes desses fatores.

Como a proposta agradou a todos, as angústias diminuíram, as inseguranças se transformaram em ações efetivas e minha irmã me contava todos os passos do que acontecia. Eu, de longe, orientava-a na medida do possível.

O projeto foi elaborado e, com a participação de todos, desenvolvido por meio de pesquisas, cartazes, leituras, histórias, filmes, dramatizações e a visita de uma psicóloga, que tirou todas as dúvidas sobre o sexo, o nascimento de bebês e o conhecimento do corpo do homem e da mulher. Sanadas as dúvidas, a paz voltou a reinar, até que outras se instalaram. No entanto, minha irmã já sabia como resolver.

Nos casos em que somos solicitados a trabalhar diretamente com os professores – por exemplo, em questões relacionadas às suas dificuldades em resolver problemas interpessoais e aceitar mudanças referentes a novos direcionamentos metodológicos (como o uso do computador) e ao emprego de novos materiais pedagógicos e novas formas de avaliação –, vemo-nos diante de situações de difícil abordagem, visto que qualquer proposta de mudança pode ser de difícil aceitação por parte de todo um corpo docente.

Assim, existem os inseguros, os resistentes, os inconformados e os que aceitam as mudanças com prazer, por compreenderem as necessidades e os benefícios das mudanças. É uma população diversificada, cujo processo de mediação não é nada fácil.

Você, leitor, percebe que, assim como com as crianças, nós também trabalhamos as dificuldades de aprendizagem com alguns professores? É evidente que, nesse caso, os instrumentos de avaliação não são os mesmos; as técnicas são diferentes, mas o objetivo não se altera: a modificabilidade cognitiva.

4.4 Programa de Enriquecimento Instrumental (PEI)

O Programa de Enriquecimento Instrumental (PEI), proposto por Reuven Feuerstein, envolve o desenvolvimento de habilidades de aprendizagem por meio de exercícios estruturados e graduados e o trabalho com as funções cognitivas, partindo de níveis básicos para mais complexos e de questões concretas para as abstratas. Com isso, promove o estabelecimento de conexões, impulsiona a motivação e auxilia no controle da impulsividade, da ansiedade e da tomada de decisões.

Gomes (2002, p. 77) explica que Feuerstein:

entende que a intervenção psicopedagógica com o PEI se caracteriza como uma forma de mediação, ainda que tardia, dos processos de aprendizagem do indivíduo.

O indivíduo (a faixa etária normalmente atendida pelo programa se estende da pré-adolescência até a idade adulta) com dificuldades cognitivas que, na infância, não vivenciou experiências mediadas de aprendizagem, tem a oportunidade hoje de usufruir desta mediação, só que agora em caráter terapêutico. Feuerstein pressupõe [...] que toda pessoa possui níveis variados de modificabilidade cognitiva e ele objetiva, por meio do trabalho com o PEI, favorecer o desenvolvimento de mudanças cognitivas estruturais.

É muito importante destacar que não trabalhamos os passos propostos pelo PEI com os professores ou a equipe técnico-administrativa, mas, sim, com sua visão de modificabilidade cognitiva que, para o autor, está latente em todos nós.

Quando percebemos alguma dificuldade para realizar alguma tarefa, estamos a caminho de aprender a solucionar o problema de outra forma. Este é o nosso objetivo ao trabalharmos em uma instituição escolar com professores, orientadores e supervisores: fazê-los perceber que os problemas têm outras formas, maneiras ou caminhos de solução ou organização. Quando o professor percebe, que uma tarefa pode ser resolvida, com sucesso, de formas diferenciadas, o profissional trabalha sua autoestima e constrói uma imagem cognitiva positiva de si mesmo.

Um projeto não pode ser apresentado pronto e acabado aos professores: ele deve ser construído juntamente com todos os envolvidos. Nessa construção, o psicopedagogo deve organizar com antecedência o trajeto pelo qual ele deseja que os professores caminhem para atingir seus objetivos.

Propor atividades específicas no processo de execução do projeto é o requisito essencial para o desenvolvimento cognitivo, que pode estar defasado ou nunca ter sido devidamente trabalhado com alguns professores ou o corpo técnico-administrativo. Vêm daí suas formas rígidas de operar, não admitindo ou aceitando que poderiam resolver o problema com melhor clareza e precisão. Ou seja: é preciso ver diferente!

Assim, devem constar, na intervenção psicopedagógica dentro do desenvolvimento do projeto, atividades e exercícios de:

- comparação, diferenciação e análise;
- classificação, construção de conceitos, associação e identificação;
- orientação temporal e espacial;
- percepção visual e auditiva;
- interpretação da realidade (saída da fragmentação para a observação do todo);
- relação interpessoal (emoção e afetividade);
- compreensão de instruções;
- desenvolvimento do pensamento abstrato (hipotético--dedutivo).

Criar instrumentos para os adultos trabalharem dentro dessa perspectiva requer estudo, reflexão e organização por parte do psicopedagogo, que deve adaptar-se a cada realidade escolar e a cada projeto em especial. Não existe um modelo pronto e acabado, pois cada instituição, como vimos anteriormente, é única.

Assim, esses exercícios não são os mesmos com os quais, na proposta de Feuerstein, se trabalha com as crianças; eles se referem às atividades que estão no próprio projeto, no qual poderemos desenvolver as referidas habilidades com os adultos.

No entanto, atenção: estou me apoiando na proposta de Feuerstein, precisamente na colocação de que todos nós temos a faculdade de modificar nossa forma de realizar tarefas, quando estas nos parecem de difícil solução, utilizando, para isso, mediadores, entendidos aqui como pessoas, instrumentos, ferramentas, signos, símbolos ou linguagem, com vistas às possibilidades da modificabilidade cognitiva.

Gostaria de enfatizar que esses exercícios podem ser realizados por meio de dinâmicas de grupo, no próprio desenvolvimento do projeto de intervenção, tanto com alunos como com os professores, os gestores e o corpo técnico-administrativo.

Assim como as crianças, nós, adultos também sofremos influências do meio, temos resistências emocionais, hábitos, atitudes e normas sociais que ficam evidentes na realização do projeto. Observar essas posturas auxilia o psicopedagogo, nas diferentes fases do projeto, a modificar suas estratégias, que se refletem na conduta dos envolvidos.

Ao participar ativamente do projeto, não podemos nos esquecer de que também os psicopedagogos são influenciados pela dinâmica que ocorre no processo. Por isso, é recomendado o afastamento, para a análise de suas ações, bem como, em uma situação mais difícil, a busca de supervisão, que os auxilia a olhar as dificuldades de forma diferenciada.

4.5
Alguns passos para a elaboração de um projeto pedagógico institucional sob o enfoque psicopedagógico

A elaboração de um projeto pedagógico na instituição escolar, também baseado em uma visão psicopedagógica, necessita de organização formal. Assim, mesmo não tendo como objetivo a pesquisa, tomamos como base as etapas propostas por Antonio Carlos Gil (2002, p. 81) para a elaboração de projetos de pesquisa:

- *caracterização do problema, queixa ou sintoma;*
- *justificativa para execução do projeto na escola;*
- *objetivos específicos;*
- *metodologia – como o projeto vai ser implementado na instituição;*
- *cronograma de execução;*
- *custos do projeto;*
- *elaboração de atividades;*
- *análise e interpretação dos resultados obtidos ([...] registro diário dos acontecimentos);*
- *avaliações e mudanças de estratégias no transcorrer da aplicação do projeto;*
- *avaliação final;*
- *elaboração do informe psicopedagógico;*
- *devolutivas e encaminhamentos.*

A formalidade na elaboração de um projeto que objetiva a mudança dos rumos de alguma orientação que não está ocorrendo conforme planejada é necessária para que não se percam os benefícios que são construídos no decorrer de sua aplicação na instituição escolar. Um projeto é um plano inicial sujeito a mudanças, e seus passos devem ser registrados para que possamos, ao fim de sua execução, realizar a retroalimentação do processo. Não é necessário que um projeto dessa natureza siga os passos rigorosos de um projeto de pesquisa, mas, como enfatizei, o registro de todo o processo é fundamental. As atividades propostas em um projeto devem ser organizadas com vistas à solução de problemas.

Música, dança, dramatizações, jogos, dinâmicas de grupo e brincadeiras devem estar presentes em todo o processo; algumas "comidinhas" também devem fazer parte do trabalho, o que é muito simpático, acolhedor e aproxima as pessoas.

4.6 As questões éticas na conduta profissional

O psicopedagogo que trabalha em uma instituição enfrenta diversas situações, lida com vários profissionais, confrontar-se com as mais diferentes funções e participa de complexas relações interpessoais. Além disso, é solicitado a intervir em casos de fácil ou difícil solução nas áreas administrativa, pedagógica e familiar.

Suas propostas de avaliação e intervenção estão sempre intimamente relacionadas à sua conduta, à sua capacidade de liderança, ao seu conhecimento das normas sociais, à sua competência e à forma como conduz seu trabalho. É de vital importância manter atitudes dignas de honestidade e humildade no reconhecimento de seus limites, saber ouvir e respeitar os limites dos assessorados e ter cautela nas propostas de intervenção, que devem ser compatíveis com as queixas. O psicopedagogo deve aceitar o conhecimento dos professores a fim de não se colocar em uma posição hierárquica de superioridade. Segundo Navalon, citado por Monero e Solé (2000, p. 378),

> quando falamos da ética do assessoramento, estamos nos referindo à necessária adequação das ações profissionais aos princípios expressos nas leis, nas normas e nos códigos deontológicos (estudo dos princípios, fundamentos e sistemas de moral; tratado dos deveres) das profissões envolvidas. No entanto, quando nos referimos a atitudes do tipo estético, pensamos no conjunto de maneiras do assessor comportar-se, que facilitam sua relação com os assessorados, e nos estilos de ação que podem tornar-se agradável e, inclusive, "bela" tal relação.

O teórico também indica critérios referentes à ética profissional que considero pertinente citar aqui:

- Ter claro os limites da intervenção e comunicá-los aos que formulam a solicitação para não criar falsas expectativas a respeito.

- Reconsiderar determinadas intervenções no momento em que tenhamos sérias razões para acreditar que podem ser utilizadas para desqualificar formas alternativas de trabalhos de outros professores, que podem ser usadas em conflitos internos de poder, para legitimar posições de força ou para obter predomínio em situações de rivalidade.

- Dar por finalizadas as intervenções quando se tenham alcançado os objetivos, ou quando o assessor acredita que não vai poder alcançá-los com os meios de que dispõe.

- Chegar a acordos explícitos com os professores de cada grupo com o qual se trabalha sobre o uso que se fará da informação que é utilizada ou gerada no mesmo.

- Levar em conta os possíveis efeitos secundários de cada intervenção, já que ações, aparentemente muito corretas, podem ser, na prática, contraproducentes e produzir efeitos prejudiciais para determinadas pessoas, grupos ou para a instituição. Para julgar o benefício das ações profissionais, o assessor deve considerar o contexto em que foram realizadas. (Navalon, citado por Monero e Solé, 2000, p. 378)

Os assessorados têm de se sentir seguros com a presença do psicopedagogo no que diz respeito ao sigilo das informações de caráter pessoal, à aceitação de seus conhecimentos e ao respeito às suas decisões, pois são eles que têm o poder de decisão final sobre o que é melhor para a instituição. Após um período de negociações, em que o psicopedagogo apresenta suas sugestões, o poder de definir os caminhos mais apropriados para a instituição, na visão dos professores, deve ser acatado pelo assessor.

Podemos observar, então, que a ética faz parte do processo de mediação, ao considerar os intervenientes socioculturais nas relações interpessoais, em uma visão sistêmica na condução e na busca de soluções para os conflitos institucionais.

oeda

Considerações finais

Os caminhos seguidos nas experiências relatadas não foram todos escolhidos *a priori*: eles se consolidaram durante meu desenvolvimento nos campos educacional e psicopedagógico.

A experiência foi me orientando, na medida em que as leituras sobre os educadores escolhidos, aliados à prática, surtiam os efeitos esperados.

As linhas sócio-histórica e sistêmica me auxiliaram nas escolhas das metodologias adotadas em cada caso relatado. A riqueza teórica dos autores e suas próprias experiências enriqueceram e nortearam meus posicionamentos e minha visão de mundo e de ser humano.

Vygotsky nos mostra a importância das relações sociais e históricas no cotidiano. A linha sistêmica, por sua vez, embasa as relações afetivo-emocionais e os comportamentos dessas relações sócio-históricas. Feuerstein, por fim, baseado nessas visões, fornece o suporte instrumental necessário para o direcionamento da ação educativa e psicopedagógica, ao considerar a mediação como fator primordial na mudança de comportamentos, em busca de soluções para os problemas do processo ensino-aprendizagem. Foi esse olhar abrangente e holístico que consolidou a minha prática institucional como psicopedagoga.

Ao longo da elaboração deste material, ao descrever o pensamento de autores que formularam teorias tão profundas sobre o desenvolvimento humano, lembrei-me de pessoas que passaram por minha vida, às vezes de maneira fortuita, e que não se detiveram em elaborar teorias, mas que deixaram marcas profundas na minha personalidade, na minha formação profissional e no meu coração. São pessoas que, pelo amor à profissão, ajudaram-me a ver o mundo de forma diferenciada, ensinaram a relacionar-me melhor com meus pares, com respeito e valorização da amizade, do companheirismo e do amor pelo que optei por fazer em minha vida.

Outra percepção que tive foi com relação aos professores espalhados pelo Brasil. Existem alguns maravilhosos que, mesmo trabalhando nas mais adversas e precárias condições, procuram solucionar problemas de forma criativa, dando o melhor de si e desenvolvendo projetos incríveis, sem a menor infraestrutura ou apoio. Por conta própria, eles se deslocam para outras cidades em busca de aperfeiçoamento profissional e acreditam que o nosso país só dará certo quando todas as pessoas tiverem, realmente, acesso à educação. Como cidadã e pessoa que aprende a cada dia, a todos esses professores eu só tenho a dizer: obrigada por existirem.

gógó

Referências

APPLE, M. W. **Educação e poder**. Porto Alegre: Artes Médicas, 1989.

BARBOSA, L. M. S. **A psicopedagogia no âmbito da instituição escolar**. Curitiba: Expoente, 2001.

BEYER, H. O. O método Reuven Feuerstein: uma abordagem para o atendimento psicopedagógico de indivíduos com dificuldades de aprendizagem, portadores ou não de necessidades educativas especiais. **Revista Brasileira de Educação Especial**, Marília, v. 2, n. 4, p. 79-89, 1996.

CAPRA, F. **O ponto de mutação**: a ciência, a sociedade e a cultura emergente. São Paulo: Cultrix, 1982.

CAPRA, F.; STEINDL-RAST, D. **Pertencendo ao universo**: explorações nas fronteiras da ciência e da espiritualidade. São Paulo: Cultrix, 1993.

CHIAVENATO, I. **Introdução à teoria geral da administração**: uma visão abrangente da moderna administração das organizações. 7. ed. Rio de Janeiro: Elsevier, 2004.

ESTEBAN, M. T. Avaliação e fracasso escolar: questões para debate sobre a democratização da escola. **Revista Lusófona de Educação**. Lisboa, n. 13, 2009. Disponível em: <http://www.scielo.aces.mctes.pt/pdf/nle/n13/13a08.pdf>. Acesso em: 14 fev. 2014.

FERREIRA, A. B. DE H. **Dicionário Aurélio**. Rio de Janeiro: Civilização Brasileira, 1988.

FORQUIN, J. **Escola e cultura**: as bases sociais e epistemológicas do conhecimento escolar. Porto Alegre: Artes Médicas, 1993.

GASPARIAN, M. C. A psicopedagogia institucional sistêmica. In: POLITY, E. (Org.). **Psicopedagogia**: um enfoque – terapia familiar nas dificuldades de aprendizagem. São Paulo: Vetor, 2004. p. 21-78.

GIL, A. C. **Como elaborar um projeto de pesquisa**. 4. ed. São Paulo: Atlas, 2002.

GOMES, C. **Feuerstein e a construção mediada do conhecimento**. São Paulo: Artmed, 2002.

LUCKESI, C. C. Fracasso escolar: escola e sala de aula. **ABC Educatio**: a Revista da Educação, São Paulo, v. 8, n. 66, p. 30-33, maio 2007.

MONERO, C.; SOLÉ, I. **O assessoramento psicopedagógico**. Tradução de Beatriz Affonso Neves. Porto Alegre: Artmed, 2000.

NERLING, M. A. M. **Currículo, cultura e intercultura**. 115 f. Dissertação (Mestrado em Educação) – Universidade de Passo Fundo, Passo Fundo, 2006.

PARO, V. H. **Qualidade do ensino**: a contribuição dos pais. São Paulo: Xamã, 2000.

PATTO, M. H. S. **A produção do fracasso escolar**: histórias de submissão e rebeldia. 3. ed. São Paulo: Casa do Psicólogo, 2010.

POLITY, E. (Org.). **Psicopedagogia**: um enfoque sistêmico – terapia familiar nas dificuldades de aprendizagem. São Paulo: Vetor, 2004.

SAVIANI, D. **História das ideias pedagógicas no Brasil**. 3. ed. Campinas: Autores Associados, 2010.

SERRA, D. C. G. **Teorias e práticas da psicopedagogia institucional**. Curitiba: Iesde, 2009.

SILVA, T. T. da. **Documentos de identidade**: uma introdução às teorias do currículo. 2. ed. Belo Horizonte: Autêntica, 2005.

SILVA, T. T. da. **O que produz e o que reproduz em educação**: ensaios de sociologia da educação. Porto Alegre: Artes Médicas, 1992.

SOUZA, A. M. M. de. **Programa de Enriquecimento Instrumental (PEI)**. Disponível em: <http://www.idph.com.br/conteudos/artigos/novaeducacao/novaeducacao_20050225.php#.UpSS5tLkv_o>. Acesso em: 20 nov. 2013.

SOUZA, S. J. e. **Infância e linguagem**: Bakhtin, Vygotsky e Benjamin. Campinas: Papirus, 1994.

TURRA, N. C. Reuven Feuerstein: "experiência de aprendizagem mediada – um salto para a modificabilidade cognitiva estrutural". **Educere et Educare**: Revista de Educação, Unioeste, Cascavel, v. 2, n. 4, p. 297-310, jul./dez. 2007.

VYGOTSKY, L. S. **A formação social da mente**: o desenvolvimento dos processos psicológicos superiores. 6. ed. São Paulo: M. Fontes, 1998.

gico

Sobre as autoras

Denise Fernandes Goulart é graduada em Pedagogia pela Universidade Federal do Paraná (UFPR), especialista em Pedagogia Terapêutica e mestre em Gestão de Instituições de Educação Superior pela Universidade Tuiuti do Paraná (UTP). Foi coordenadora pedagógica do Colégio Lins de Vasconcelos e atuou como docente na UTP por 18 anos, na coordenação do Centro de Atendimento Psicopedagógico e Educação a Distância.

Maria Letizia Marchese é graduada em Pedagogia, especialista em Pedagogia Terapêutica e em Educação Especial pela Universidade Tuiuti do Paraná (UTP), em Psicopedagogia Clínico-Institucional pela Escola Superior Aberta do Brasil (ESAB), em Gestão de Organizações Educacionais pela Universidade Positivo (UP) e em Neuropsicopedagogia Clínica e Institucional pela Faculdade Metropolitana. É mestre em Engenharia de Produção, com ênfase em Avaliação e Inovação Tecnológica pela Universidade Federal de Santa Catarina (UFSC). Atuou na docência e na coordenadoria de atendimento psicopedagógico da UTP por 16 anos. Atualmente, é diretora pedagógica do Centro de Educação Profissional Nahyr Kalckmann de Arruda e responsável legal do Centro de Instrução da Aviação Civil CEPNKA.

Impressão:
Agosto/2023